닭고기가 식탁에 오르기까지

닭고기가 식탁에 오르기까지

달걀이 프라이드치킨이 되기까지, 양계장이 공장이 되기까지

ⓒ김재민, 2014

초판 1쇄 | 2014년 7월 18일 펴냄
초판 2쇄 | 2017년 9월 25일 펴냄

지은이 | 김재민
펴낸이 | 김성실
원고정리 | 맹한승
교정교열 | 김태현
제작 | 한영문화사

펴낸곳 | 시대의창
출판등록 | 제10-1756호(1999. 5. 11.)
주소 | 03985 서울시 마포구 연희로 19-1 4층
전화 | (02) 335-6121
팩스 | (02) 325-5607
이메일 | sidaebooks@daum.net

ISBN 978-89-5940-292-2 (03330)

이 도서의 국립중앙도서관 출판시도서목록(CIP)은
서지정보유통지원시스템 홈페이지(http://seoji.nl.go.kr)와
국가자료공동목록시스템(http://www.nl.go.kr/kolisnet)에서 이용하실 수 있습니다.
(CIP제어번호: CIP2014014188)

닭고기가
식탁에
오르기까지

김재민 지음

시대의창

딩동, 김이 모락모락 나는 치킨이 배달돼왔다. 아이들 성화에 못 이겨 30분 전 전화로 치킨을 주문했다. 치킨을 주문할 때마다 같은 고민으로 머리가 복잡하다. '양념치킨을 먹을까? 프라이드치킨을 먹을까?' 아니면 '양념 반, 프라이드 반을 먹을까?' 수화기를 들고 번호를 누르는 순간에도 고민은 계속된다.

　오늘은 프라이드치킨이다. 양념치킨이 내 입맛에는 딱이지만 양념치킨을 튀길 때는 하루나 이틀 더 오래된 기름을 사용한다는 언론 보도를 접한 뒤로는 아이들이 먹는 치킨은 프라이드치킨을 선택한다. 게다가 일반 튀김유보다 건강에 좋다는 올리브유를 사용하는 B사·치킨으로 주문했다. 다른 치킨 프랜차이즈 업체보다 2,000원 정도 비싸지만 그래도 아이들 먹을 거라며 아내는 B사 치킨을 선호한다. 몇 천 원 아끼려고 다른 가게에서 주문했다간 배달 온 치킨을 다 먹을 때까지 아내의 잔소리를 견뎌야 한다.

전화 한 통으로 방금 요리한 따끈한 닭튀김을 맛볼 수 있다니 이 얼마나 간편하고 획기적인가? 외국에서 생활하다 온 사람들 말에 따르면 우리나라처럼 닭고기를 집에서 간편하게 즐길 수 있는 나라가 또 없다고 한다. 게다가 닭고기는 저렴하기까지 하다. 조리가 다 된 치킨 요리도 1만 5,000원 내외로 사 먹을 수 있고, 슈퍼마켓에서 파는 생닭(도계육)도 5,000원 정도면 살 수 있다. 주머니 사정이 안 좋은 서민들에겐 얼마나 감사한 일인가.

1980년대까지만 하더라도 지금은 흔하디흔한 달걀, 우유, 육류가 매우 귀한 음식이었다. 학교 급식이 보편화되지 않았던 1980년대만 하더라도 도시락 속 달걀 반찬은 아이들이 가장 선호하는 메뉴였고, 일반 가정집에서 고기를 자주 먹는다는 것은 부의 상징이나 다름없었다. 지금은 전화 한 통의 간단한 수고와 30분의 인내, 그리고 1만 5,000원가량의 돈만 있으면 쉽게 닭고기를 먹을 수 있다. 이제 닭고기는 저렴한 비용으로 여럿이 맛있게 즐길 수 있는 대표적인 서민 음식이 되었다.

그런데 단지 싸다는 이유만으로 닭고기나 달걀이 서민 음식이 된 것은 아니다. 닭고기와 달걀은 우리 몸에 필요한 중요한 단백질을 많이 함유하고 있다. 특히 달걀은 성장기 아이들의 필수 식품으로 여겨진다. 우리가 섭취하는 우유, 콩 등의 완전식품(한 가지 음식만을 섭취하고도 필요한 영양소를 대부분 얻을 수 있는 식품) 중 단연 으뜸이다. 달걀의 단백질은 흡수율과 아미노산 조성 등에 있어 타의 추종을 불가할 정도로 영양가가 높아 달걀 난백 단백질을 100으로 놓고 다른 식품의 단백질 품질을 표시할 정도이다. 또한 닭가슴살은 다이어트 열풍 속에서 꼭 섭취해야 할 식품으로 각광받고 있다. 실제로 달걀과 닭고기는 저칼로리 고단백 식품으로, 같은 양을 소비했을 때 소고기, 돼지고기 등의 적색 육류보다 비만 걱정이 덜하다.

현재 지구는 식량난에 허덕이고 있다. 중국, 인도, 러시아 등 인구가 많은 신흥 경제대국들의 축산물 소비 증가는 전 세계 식량 위기의 주요한 원인이 되고 있다. 대부분의 축산물은 대량 생산을 위해 배합사료를 사용한다. 문제는 배합사료의 주원료가 옥수수, 콩, 밀과 같은 식량 작물이라는 데 있다. 결국 한정된 식량을 놓고 사람과 가축이 경쟁해야 하는 꼴이다. 이미 중국은 소득이 높아지면서 축산물 소비가 기하급수적으로 늘어나고 있다. 중국은 치즈, 분유, 돼지고기 등 각종 축산물의 블랙홀이 되고 있다. 더욱이 중국의 축산업 육성으로 옥수수 등 몇몇 곡물은 품귀 현상마저 일어났다.

축산물 대량 생산에 필요한 곡물 소비량을 비교해보면 양계 산업의 중요성이 더욱 부각된다. 1킬로그램의 고기를 생산하기 위해

8~10킬로그램의 곡물을 소비하는 소와 3~4킬로그램의 곡물을
소비하는 돼지에 비해 닭은 2킬로그램 이하의 곡물만을 소비하므
로 미래 식량원으로 주목받기에 충분하다.

양계산물은 우리에게 친숙한 음식이며 중요한 축산자원이다. 하
지만 현재처럼 저렴하게 구매 가능하도록 양계 산업이 발전하는 데
는 그만큼의 대가가 필요했다. 양계산물은 다른 농축산물과 달리
적은 비용과 짧은 사육 기간으로 대량 생산이 가능하다 보니 자연
히 농장의 규모가 점점 커질 수밖에 없었고 50만 수, 100만 수 이상
사육하는 기업형 농장들이 출현하기에 이르렀다. 여기에 양계 산업
의 그림자가 있다. 좁은 공간에 수많은 닭을 가둬놓은 채 움직이지
도 못하게 하고, 밤낮 없이 모이만 먹이고 살만 찌우다 보니 면역체
계에 문제가 생길 수밖에 없다. 이처럼 면역체계에 문제가 생길 우
려가 높은 닭들에게 이상 징후가 발생하지 않게끔 하는 것이 양계업
계의 지상 과제였다. 그러다 보니 항생제를 과도하게 투여하고 동
물성 사료를 공급하는 등 비정상적인 사육이 이루어지고 안전하지
못한 사육 환경이 조성되게 되었다. 이는 결국 인간에게 부메랑처
럼 되돌아왔는데, 매년 겪는 조류독감의 공포가 그것이다.

중요한 사실은 공장식 대량 생산을 할 수밖에 없는 보이지 않는
시스템이 존재한다는 것이다. 닭고기와 달걀은 유통기한이 짧고 운
송 및 보관이 까다로워 시장 상황에 가장 민감하게 반응하는 품목

이다. 하지만 특별한 경우를 제외하고는 늘 가격이 낮게 유지돼왔다. 바로 공급 과잉 때문인데, 낮은 가격의 이면에는 농장의 규모화와 '수직계열화'가 자리 잡고 있다.

수직계열화는 기업이 수백 개의 농장을 하나의 농장처럼 운영하는 시스템이다. 이 시스템은 농장을 원청업체에 자재를 만들어 납품하는 하청업체나 OEM 제품을 생산하는 공장과 같은 위치로 전락시켰다.

농축산물의 수직계열화는 현대 농축산에 공장식 농업, 공장식 축산이라는 부정적 이미지를 덧씌웠으며, 한편으로는 이에 반대하는 운동을 태동시켰다. 농축산물의 수직계열화에 대한 반작용으로 친환경 축산, 자연순환 농법, 무경운 농법 등 새로운 개념의 축산 및 농업 운동이 일어나고 있다. 특히 2000년대 들어 여러 차례 발생한 악성 가축 전염병으로 무고한 가축 수천만 마리가 땅에 묻히자 그 참혹한 현장을 지켜본 국민들이 지금과 같은 방식의 축산업에 반기를 들기 시작했고, 공장식 축산에 대한 거부감은 더욱 거세지고 있는 형국이다.

이 책에서는 과거 귀한 음식이었던 양계산물이 어떻게 저가 식품, 서민 음식이 되었는지, 왜 농축산업이 공장화될 수밖에 없었는지 그 원인을 추적해보았다. 원인을 분석해 들어가자 결국 이 모든 기형적인 대량 농축산물의 육성에는 정부가 추진했던 농장의 규모화와 자본 중심의 수직계열화가 자리 잡고 있다는 사실이 명백해졌다.

이제는 공장식 농축산업으로의 전환에 제동을 걸기 위해 소비자 선택의 중요성이 더욱 부각되어야 한다. 아울러 국민들에게 바람직한 농축산업의 방향이 어떤 것이어야 하는지 밝힐 때가 되었다. 그 출발점에 이 책이 작으나마 의미 있는 역할을 할 수 있기를 기대해본다.

1장

병아리는
어떻게
프라이드치킨이
되었나

· · ·

닭은 대대로 우리 일상과 함께해온 동물이다. 우리에 가두지 않고 놓아기르며 특별한 날에 특별한 손님에게 대접하는 귀한 음식이었다. 한자의 발 족足 자는 닭의 발 모양을 본떠 만든 상형문자다. 입이 있는 머리 밑에 며느리발톱이 도드라진 닭의 발이 형상화되어 있다. 통닭이 서민 음식으로 대접받는 것도 어쩌면 닭이 인간과 긴 역사를 함께했기 때문일 것이다.

비교적 저렴한 가격에 쉽게 먹을 수 있는 프라이드치킨이 우리 손에 들어오기까지는 몇 단계 과정을 거쳐야 한다. 병아리가 상품화할 수 있는 육계로 성장하기까지의 사육 과정과 도축의 과정, 그리고 프랜차이즈, 시장, 음식점 등으로의 유통 과정이 필요하다. 이러한 각 과정에서 우리가 눈여겨봐야 할 점들을 이야기해보자.

닭이 먼저냐 달걀이 먼저냐

사람들은 '닭이 먼저냐, 달걀이 먼저냐'를 놓고 오랫동안 논쟁을 벌여왔다. 그런데 최근 영국 과학자들이 '닭이 먼저'라는 답을 내놓았다. 영국 셰필드 대학과 워릭 대학 공동 연구진에 따르면 닭이 없으면 달걀이 존재할 수 없다. 열쇠는 달걀 껍데기에 있었다. 연구진은 달걀 껍데기를 형성하는 오보클레디딘-17(OC-17)이라는 단백질이 닭의 난소에서 생성된다는 것을 밝혀 닭이 먼저라는 가설을 증명했다.

그렇다면 우리는 닭을 먼저 먹었을까 달걀을 먼저 먹었을까? 물론 그에 대한 확실한 기록은 없다. 닭이 인간의 마을로 들어와 가축이 되면서 시작된 동거의 역사가 너무도 오래되었기 때문이다. 하지만 아마도 달걀을 먼저 먹지 않았을까? 닭은 키우는 데 특별한 기술이 필요하거나 돈이 많이 드는 가축이 아니다. 때문에 집집마다 십여 마리의 닭을 키우며 매일 달걀을 먹고, 나중에 노계나 폐계 또는 수탉을 고기로 이용했을 것이라고 추측해볼 수 있다.

우리나라 양계 산업 역시 닭고기보다는 달걀이 먼저였다. 한국전쟁 이후 본격적으로 시작된 양계 산업에는 달걀을 주로 생산하는 산란계, 달걀과 고기 생산에 모두 활용 가능한 난육겸용종이 보급되었으나 모두 달걀 생산에 주로 활용됐다. 1960~1970년대 산란계 양계 농가들은 큰돈을 벌고 자본을 축적할 수 있었다. 상당수가 10만 수 이상의 대농가로 성장했으며, 웬만한 중소기업 못지않은 매출과 영업이익을 자랑하며 지역의 유지 역할을 했다.

달걀 생산을 주목적으로 하는 닭의 숫자가 많아지면서 자연스럽게 부산물인 수탉이 많이 생산됐고, 이들을 전문적으로 키우는 농장들이 생겨났다. 이것이 육계 산업의 시작이었다.

30일밖에 안 된 어린 닭

프라이드치킨 한 마리의 가격은 업체마다 조금씩 다르지만 보통 1만 5,000원 내외다. 무게는 750~850그램이 일반적이다. 그렇다면 닭을 얼마나 키우면 800그램 내외의 출하 가능한 '상품'이 될까?

닭고기 관련 대표 기업인 ㈜하림의 익산 공장을 처음 방문한 때가 기억난다. 꼭 양계장 가득 병아리가 있는 것처럼 삐악거리는 소리가 들리기에 대체 어디에 병아리들이 있나 둘러보았는데, 병아리는 보이지 않고 대형 트럭에 가득 실린 하얀 닭들이 도축을 기다리고 있었다. 보기에는 다 큰 닭처럼 보였는데 생후 30여 일밖에 안 된 어린 닭들인지라 미처 '꼬꼬' 하는 큰 닭 소리를 내지 못하고 삐악거리며 도축 순서를 기다리고 있었다.

우리가 소비하는 프라이드치킨용 닭은 30~35일 사육하면 출하가 가능하다. 1.8킬로그램짜리 큰 닭은 35일 정도, 토종닭이라 불리는 식감이 쫄깃한 닭의 경우 암탉은 50일, 수탉은 100일 정도 키워 상품화한다. 우리는 대부분 1개월 정도밖에 안 된 어린 닭을 먹는 셈이다. 동물들은 저마다의 성장 속도가 있어 1개월 만에 성숙한 종이 되기도 한다. 하지만 우리가 가축으로 기르는 종들은 그렇지 못하다.

공장식으로 사육되는 닭이 아니라 자연적으로 성장하는 닭의 수명은 얼마나 될까? 1년? 5년? 10년? 아니다. 닭은 20~30년을 산다. 20~30년을 사는 닭의 수명을 봤을 때 1개월가량을 산 닭은 사람으로 치면 돌도 안 지난 갓난아기나 다름없다. 요즘 출하되는 닭은 한 달이면 목표 체중에 도달해 도축되니 과거 2개월을 산 닭은 그나마 장수했다고 해야 하나?

소위 '영계'라 하여 어린 닭, 부드러운 닭을 선호하는 국내 소비자들은 어린 닭을 잡아먹는 것에 대해 거부감이 없다. 이에 비해 서양에서는 일반화된 송아지 고기의 경우 국내에서는 활성화되지 못했는데, 2012년 소의 공급 과잉으로 소와 송아지 값이 하락하자 정부가 송아지 고기를 실용화해 소 사육두수를 줄여보겠다고 나섰지만 송아지 고기를 시식했던 기자들의 표정은 그리 밝지 않았다.

단지 한두 달만 살기 위해 태어나는 닭. 사람이라면 '300일만 살기 위해 태어나는 아기'다. 우리가 즐겨 먹는 프라이드치킨이 정상적인 수명의 1퍼센트만 생장한 닭이라면 아무래도 정상은 아니지 않겠는가? 삶과 죽음이라는 거대한 자연의 섭리를 말하지 않더라도 한두 달만 살기 위해 태어나는 닭과 한두 달만 사는 '자식'을 낳아야 하는 닭을 생각하면 무언가 순환의 고리가 크게 단절되었음을 깊이 생각하지 않아도 알 수 있을 것이다.

공장식 축산을 공격하는 쪽에서는 성장촉진제를 사용한다고 비판하지만 그건 벌써 옛날 이야기다. 비교적 단가가 낮은 닭을 키우는 데 오히려 비용만 발생시킨다. 최근 닭의 사육일수 단축은 고도의 육종과 닭의 유전능력에 걸맞은 정밀한 영양 공급이 가능해진 과학 축산의 결과다.

현재 우리가 즐겨 먹는 닭은 시골에서 기르는 토종닭이 아니다. '처갓집에 온 사위를 위해 장모가 잡아주던 씨암탉'과는 거리가 먼 외래종이다. 식용 닭은 외국에서 수입한, 고기 생산에 특화된 개량종이다. 이 개량종이 들어오기 전에는 산란계의 수탉을 키웠고, 산란계 수탉이 잘 크지 않자 백세미White Semi Broiler라는 개량종을 육종하기도 했다.

고기 생산을 목적으로 하는 수탉을 수입해 산란계 암컷과 교미시켜 생산한 백세미는 100일 정도 사육해야 하는 기존의 산란계 수

닭에 비해 40~50일, 길어야 60일이면 육계로 활용할 수 있는 혁신적인 개량종이었다. 그뿐만 아니라 500그램에 머물던 기존의 수탉과 달리 무게가 1킬로그램도 더 나갔다. 백세미의 공급으로 우리 양계 산업은 본격적인 육계 산업의 시대, 닭고기 대중화의 길로 접어들게 되었다.

이후 닭고기 생산에 특화된 육용종계 암수가 한꺼번에 수입돼 1970년대부터 서서히 현재와 같은 육계 산업이 시작됐으며, 50일 가까이 사육해야 목표 체중에 도달했던 과거와 달리 이제 30일 정도면 도축장에 출하할 수 있게 되었다.

그런데 사람들은 자신이 즐겨 먹는 식용 닭의 이면에 대해서는 잘 알려고 하지 않는다. 값싸고 맛있으면 그만이지, 이렇게 대중화되고 저렴해진 닭의 생산과 유통이 우리에게 끼칠 부작용에 대해서는 별로 생각하지 않는다. 생후 1~2개월 된 어린 닭을 먹으면서 그 도축 과정이나 사육 환경을 떠올리진 않는다. 배달 온 프라이드치킨을 시원한 맥주와 함께 먹으면서 '생존 문제로 허덕이는 치킨집과 육계 사육 농민의 상황'을 생각하면서 먹지는 않을 것이다.

좁은 케이지에서의 사육

몸에 딱 들어맞는 비좁은 우리, 신체 절단이나 사료 주입 같은 동물학대, 잔혹한 도축 과정 등을 폭로하는 다큐멘터리 영화 등을 접하게 되면서 근래 들어 축산업의 불편한 진실에 많은 사람들이 관심을 갖기 시작했다.

얼마 전 인터넷에서 '미트릭스Meatrix'라는 동영상을 보았다. 미트릭스는, 인류가 기계들이 만든 가상현실 속에서 조종당하고 있다는 영화 〈매트릭스〉를 패러디해 큰 반향을 일으킨 동영상으로, 사람들은 가축들이 푸른 초원에서 자연스럽게 풀을 뜯어 먹으며 크고 있다고 생각하지만 현실 세계에서는 가축들이 한 평도 채 안 되는 공간에서 각종 백신과 항생제에 의지해 자라고 있다는 사실을 보여준다. 중요한 것은 동영상 속의 모습이 우리 주변에서 실제로 일어나고 있다는 점이다.

우리나라의 돼지 사육장은 대부분 가로 1.8미터, 세로 0.65미터의 콘크리트 바닥과 철장으로 되어 있다. 움직일 공간조차 없는 철장 안에는 번식용 암돼지가 죽을 때까지 새끼만 낳으며 지낸다. 새끼 돼지를 보호하기 위해 고안된 '스톨'이 일반인들에게는 부정적으로 비춰져 공장식 축산의 전형으로 여겨지게 됐다. 이런 공장식 축산 농가에서 태어난 새끼들 역시 태어나자마자 꼬리가 잘리고 펜

스톨은 새끼 돼지를 보호하기 위해 고안됐지만 동물학대 논란을 빚고 있다.

치로 이가 뽑힌다. 좁은 사육 시설 안에서 스트레스로 인해 서로 싸우는 사태를 막기 위해서다.

닭 역시 마찬가지다. 현대식 시설(?)인 케이지(철망으로 만든 닭 사육장)에 갇혀 옴짝달싹 못한 채 흙을 쪼아야 하는 부리도 절단당하고 각종 항생제(우리나라는 2011년부터 사료에 항생제와 성장촉진제 첨가가 금지됨)로 사육되는 있는 닭들은 어쩌면 다른 어떤 가축보다도 더 비인도적인 환경에서 고통받고 있는지 모른다.

특히 산란계는 감옥과 같은 케이지에 서너 마리씩 가둬 키운다. 이 케이지를 적어도 3단 이상 쌓아놓고 키운다. 창이 없는 무창계사는 8단까지 쌓아 키운다. 무창계사는 창이 없는 대신 자동화된 환기 시설을 갖추어 외부 기온 등과 관계없이 닭 사육에 알맞은 환경을 유지해주는 시스템이다.

닭고기를 생산하는 육계 사육 농장은 케이지에 가두어 키우지는 않고 닭들이 움직일 수 있는 공간을 어느 정도 제공한다. 하지만 환한 불빛을 밤낮 없이 켜놓아 닭들이 죽을 때까지 먹으며 몸집을 불려나가도록 하고 있다. 그래서인지 병아리가 출하 가능한 체중에 도달하기까지 30일 정도밖에 걸리지 않는다. 더구나 닭이 가지고 있는 고유의 유전적 성질을 이용하거나 기존 품종을 개량해 덜 먹고 빨리 크도록 육종했다. 몸무게를 1킬로그램 찌우는 데 사료도 1.7킬로그램 정도밖에 들지 않는다. 소고기, 돼지고기에 비해 생산비가 저렴할 수밖에 없다.

문제는 질병이다. 장기나 혈관 등이 제대로 완성되지 않은 상태에서 가슴과 다리를 중심으로 워낙 빨리 살이 쪄 원인을 알 수 없이 급사하거나 바이러스성 질병에 속수무책으로 폐사하는 경우가 비일비재하다. 따라서 농가에서는 닭들이 이러한 바이러스에 최대한 노출되지 않도록 하고, 면역력이 떨어지지 않도록 기온 변화를 줄이는 등 환경 개선에 더욱 신경 써야 한다. 즉, 덜 먹고 빨리 크는 대신 질병에 대한 위험이 큰 만큼 무창계사와 같은 최신 설비를 갖춰야 한다는 것이다.

그런데 문제는 비용이다. 8만 수를 키울 수 있는 무창계사를 지으려면 10억 원 정도의 비용이 필요하지만 닭을 사육하는 농가들은 주머니 사정이 여의치 않다. 전통적으로 육계 사육은 비닐하우스에 재생 천으로 만든 보온 덮개를 덮은 가설 건축물이 주류를 이룰 정도로 재정적으로 열악한 사람들이 뛰어들던 분야였다. 지금도 계사의 절반 이상이 이러한 형태다.

이로 인해 육계 농가들은 투자할 여력이 있는 농가와 그렇지 못한 농가들 사이의 양극화가 다른 축종에 비해 매우 크다. 무창계사와 같은 호텔급 최신식 계사를 보유한 농가는 더운 여름에도 추운 겨울에도 사육 성적이 고르게 나와 큰 수익을 내지만, 공장(농장)이 부실한 영세 농가는 여름과 겨울에 냉난방비가 더 많이 들어가 생산비가 올라가고 폐사도 많아 이래저래 손실이 늘어날 수밖에 없다.

그렇다고 공장식 축산이 문제가 없는 것은 아니다. 공장식 축산 초창기에 좁은 곳에서 사육되는 닭들이 스트레스를 받아 서로 쪼아 상처를 입히거나 죽이는 일이 발생했다. 그러자 농장주들은 상품 가치를 높이기 위해 닭의 부리를 미리 잘라버렸다. 병아리들은 부화하자마자 인간 손에 잡혀 부리 절단기로 끌려간다. 날카로운 칼날이 내려오는 순간 평생 날아보지도 못할 작은 날개를 푸드덕거리면서 몸부림친다. 더욱이 인공 부화된 병아리들 중 약 40퍼센트에 이르는 수평아리들은 태어나자마자 분쇄기 속으로 들어간다. 알도 못 낳고 육계로서도 별 가치가 없기 때문이다.

닭은 보통 한 번의 교미로 하루에 한 개의 알을 낳는다. 그리고 교미 없이도 알을 낳을 수 있다. 대부분의 달걀은 무정란이라 보면 된다. 닭은 1년에 평균 200여 개의 알을 낳는데, 이는 산란계도 마찬가지다. 그런데 산란계는 A4 용지 3분의 1 정도의 공간에 평생 갇혀 살면서 밤에도 환한 조명 아래서 쉴 새 없이 먹이를 먹고 알을 낳는다. 그래서 동물보호주의자들은 닭은 알 낳는 기계가 되었고 농장은 알을 생산하는 공장이 되었다고 지적한다.

닭이 산란을 시작하고 1년이 지나 털갈이할 때가 되면 알이 뜸해진다. 그러면 털갈이를 빨리 마치기 위해 강제 털갈이(강제 환우)를 시킨다. 5~9일 동안 물도 주지 않고 밥을 굶기고 빛을 차단한다. 그러면 닭의 몸무게가 25~30퍼센트 빠진다. 이런 강제 환우 작업은 닭의 입장에서는 고문이나 마찬가지다. 고기 생산을 목적으로 하는 육계의 부모 닭인 육용종계도 마찬가지 처지다.

공장식 축산의 커다란 문제점 중 하나는 항생제의 남용이다. 얼마 전까지만 해도 사료에 일정량의 항생제를 첨가해 공급하는 것이 법으로 허가돼 있었다. 농장에서 빽빽하게 닭들을 키우다 보면 면역력이 떨어져 각종 질병이 쉽게 발생하는데, 전염성 질병의 경우 모든 개체가 감염되어 죽을 수도 있기 때문이다.

가축에게 항생제를 사용하게 된 것은 제2차 세계대전 무렵이다. 동물에게 치료용보다 적은 양의 항생제를 쓰면 증상 없이 치명적인 질병을 막고 성장을 촉진시킬 수 있다는 사실이 밝혀지면서 동물용 항생제는 전 세계로 급속히 퍼져나갔다.

우리나라는 선진국보다 훨씬 많은 동물용 항생제를 사용한다. 육류 1톤당 항생제 사용량을 비교하면 스웨덴의 24배, 노르웨이의 18배, 미국의 3배에 달한다. 우리나라에서만 연간 약 1,500톤의 항생제가 가축의 질병 치료와 성장 촉진을 목적으로 사용되고 있다. 가축의 몸에 축적된 항생제는 결국 이를 먹는 사람에게 해로울 수밖에 없다. 가축에게 먹인 항생제가 인체로 흡수되어 항생제 내성균이 출현하게 될 것이라고 학자들은 경고하고 있다.

이처럼 동물용 항생제의 부작용 문제가 대두되면서 2011년 7월부터는 배합사료에 항생제를 첨가하는 것을 금지하고 있다. 하지만 축산양계 농가에서 자의적으로 항생제를 주는 것은 막을 수 없을 뿐더러 사료에 첨가하던 예방 목적의 항생제는 거의 사라졌지만 풍선 효과로 인해 치료 목적의 항생제 사용량은 큰 폭으로 증가했다.

지난 50년간 이른바 '동물과학'은 축산의 수익성을 높이기 위해 엄청난 양의 항생제를 비롯한 약품과 배란과 발육을 촉진하는 호르몬을 주사뿐 아니라 사료에 배합하여 가축에 투여하는 기술, 육질을 좋게 하기 위해 거세시키는 체계적인 불구화 기술 등을 발전시켰다. 그 결과 고기 생산량은 늘고 맛도 좋아졌지만 가축들의 삶은 더욱 나빠졌다. 닭의 경우 사육 기간을 더 단축하면서 사람들이 선호하는 닭의 가슴살이나 다리 근육을 더 발달시키는 기술 연구가 계속 진행 중이다.

공장식 축산으로 인한 부정적인 영향이 동물뿐만 아니라 인간에게도 그대로 옮겨진다는 데 문제의 심각성이 있다. 조류독감과 광우병, 구제역 등을 통해서 동물은 자신의 생명과 생장 조건을 무자비하게 조절한 인간을 향해 항의를 하고 있는 것일는지도 모른다.

불편한 진실, 도축

태어난 지 30여 일 된 육계는 처음으로 바깥공기와 햇빛을 보는 날이 곧 생의 마지막 날이다. 고속도로나 국도를 달리다가 가끔씩 닭을 가득 싣고 가는 트럭을 본 적이 있을 것이다. 고층 아파트처럼 솟아 있는 작은 케이지 안에는 10여 마리의 닭들이 빽빽이 갇혀 있다. 케이지의 철창 사이로 고개를 내밀고 있는 운 좋은 녀석들도 있지만 힘이 약한 놈들은 케이지 안에서 밟히고 눌려 꼼짝을 못 한다.

닭장차가 가공 공장에 도착하면 싣고 온 닭장을 통째로 기울여 닭들을 쏟아낸다. 갑작스러운 일에 어리둥절 정신을 못 차린 채 닭들은 컨베이어벨트에 실려 가다 하나둘씩 갈고리에 다리가 걸려 거꾸로 매달리게 된다. 이제 본격적인 도축이 시작된다. 거꾸로 매달린 닭의 머리를 수조에 처박아 전기 충격을 가한다. 이때 닭은 순간적으로 실신하게 되고 실신 상태에서 날카로운 칼에 목의 일부가 잘린다. 곧바로 생명을 끊으면 방혈이 잘 안 돼 고기의 품질이 떨어지기 때문이다. 이어 뜨거운 물이 담긴 탱크에 빠뜨린다. 털이 뽑히고 발이 잘린 다음 목이 완전히 잘리고 내장이 뽑혀 나온 다음 세척, 냉각되어 포장된다.

우리가 맛있게 먹는 닭고기는 이렇게 도축이라는 불편한 과정을 거쳐야 우리의 밥상에 오를 수 있다. 다른 축산물도 마찬가지다. 오

도계장에서 도축된 육계의 냉각 공정.

늘날 도계 라인은 대체로 분당 90마리를 처리하는데, 최고 속도로 돌리면 1분에 120마리, 한 시간이면 7,200마리를 도축할 수 있다. 최저 속도로 돌린다고 해도 20년 전에 비하면 두 배나 빠른 속도다. 그런 속도로 움직이는 이상, 도축 담당자들이 닭이 더 편안하게 죽도록 배려하고 싶더라도 어쩔 도리가 없다.

지구에서 매년 도축되는 식육 동물의 수는 소, 돼지, 닭, 양, 칠면조 등등 대형 포유류와 가금류를 망라해 580억 마리에 달한다.

2장

양계장은
어떻게
공장이
되었나

...

현재 우리나라의 치킨 프랜차이즈 업체는 수십 군데가 넘지만 그 업체들에 닭을 공급하는 업체는 다섯 손가락에 꼽을 정도다. 그 소수의 업체들이 전국으로 대부분의 닭고기를 공급하고 있다. 육계 산업이 이러한 산업 구조를 갖게 된 것은 '수직계열화'에 의한 구조조정의 결과다. 그리고 공장식 축산의 모든 문제점도 이러한 산업 구조의 형성에 그 원인이 있다. 수직계열화에 대해 살펴보기 전에 먼저 우리나라 양계 산업의 발전 과정을 짚어보자.

육계 산업의 성장

양계 산업의 양대 축인 산란계와 육계 부분은 2000년대 들어 총부가가치(연간 총생산액) 면에서 서로 앞서거니 뒤서거니 하며 성장해왔다. 그러다 2008년부터 달걀 산업은 성장이 정체된 반면, 육계 부분은 성장세가 두드러졌다. 지금은 부가가치 면에서 달걀보다 닭고기가 우세한 상황이다. 2009년 이후 닭고기 총생산액은 2조 원대로, 1조 3,000억 원대의 달걀 산업을 훨씬 앞지르고 있다.

먼저 자리를 잡은 달걀 산업이 산업 규모나 부가가치 면에서 육계 산업에 밀리기 시작한 것은 육계 부분에 비해 계열화가 미진했기 때문이다. 육계 산업은 생산과 가공, 유통의 결합을 통해 변모한 반면, 달걀 산업은 철저히 농장 중심으로 발전하면서 달걀의 부가가치를 끌어올리지 못했다. 또한 닭고기는 프랜차이즈를 중심으로 한 계열화 사업체들이 다양한 프로모션을 통해 닭고기 소비량을 계속 증가시켰지만, 달걀은 소비 확대에 한계가 있었다. 거기에는 달걀 껍데기도 한몫한다. 손으로 일일이 수백 개의 달걀을 깨본 적이 있는 사람이라면 그 노고를 잘 알 것이다. 이런 이유 때문인지 가정에서는 냉장고에 항상 저장해놓고 간편하게 조리해 먹는 달걀이 막상 군부대 같은 단체 급식소에서는 외면받는다. 그래서 어느 달걀 생산 조합에서는 학교 급식에 달걀을 많이 쓸 수 있도록 달걀 프라이를 만들어주는 기계 개발에 나서기도 했다.

자급농에서 상업농으로

도시화 이전 시대에는 대부분 집에서 십수 마리의 닭을 키우며 단백질원으로 활용했다. 영양식인 달걀도 얻고 특별한 때에 한두 마리씩 잡아서 고기로 활용하기도 했다. 당시에는 판매를 위해 닭을 키우는 경우보다 자급을 위해 키우는 경우가 절대적으로 많았다. 그렇기 때문에 거래 또한 재래시장에서 살아 있는 닭의 형태로 이루어졌고, 자연히 닭이며 달걀의 가격은 비쌀 수밖에 없었다.

도시화가 급격히 진행된 1970년대부터 양계산물의 수요가 늘어나기 시작했지만 생산 기반이 미약해 양계산물은 여전히 고가에 거래되었다. 양계업에 종사했던 이들의 이야기를 들어보면, 1970년대 초까지만 해도 닭 100여 마리만 키워도 군청 축산과에서 큰소리칠 만큼 벌이가 좋았고 지역 유지 노릇도 할 수 있었다고 한다.

그러던 중 배합사료 공장이 발달하고 우수한 종계가 수입되면서 양계장은 수천 마리 수준까지 사육 규모가 커졌고, 국내 양계 산업은 부업 수준을 넘어 전업화의 길로 들어서게 되었다. 1980년대에는 축산 선진국의 우수한 축산 기자재와 설비가 들어와 닭 수만 마리를 키우는 농장들이 속속 생겨났다. 현재는 적은 인력으로 더 많은 닭을 관리할 수 있는 IT 기술까지 접목되면서 산란계의 경우 10만 수 이상 사육하는 대형 농장들이 늘기 시작했고, 육계도 5만 수 이상 사육하는 농가들이 점차 주류가 되고 있다.

분업화와 시설 현대화로 닭고기와 달걀 공급이 늘자 가격이 대폭 낮아졌다. 이는 곧 소비 확대로 이어졌고, 치킨 외식 산업이 번창하면서 또다시 닭고기 수요는 늘어나게 되었다. 이에 발맞춰 국내 경제가 본격적으로 성장하기 시작한 1990년대부터는 국민들의 주머니 사정이 나아지면서 닭고기 소비가 급격히 늘어났다.

양계 산업은 고기 생산을 목적으로 하는 육계 산업과 달걀 생산을 위한 산란계 산업으로 특화되어 발전하였고, 이제 달걀과 닭고기는 어디서든 저렴하게 구매할 수 있는 대중적 식품이 되었다. 저렴한 닭고기를 활용한 치킨 프랜차이즈 업체가 우후죽순 생겨나고, 골목골목 치킨집이 문을 연 것도 이즈음이다.

산란계 농장의 규모화

달걀 생산을 목적으로 하는 산란계는 미국 육종인 하이라인 계열과 유럽에서 육종된 로만브라운, 이사브라운 세 품종이 주를 이룬다. 달걀은 크게 백색란과 갈색란으로 나눌 수 있는데, 닭의 깃털 색과 달걀 색은 일치한다. 우리나라 소비자들은 갈색란을 선호하므로 백색란은 거의 유통되지 않는다.

어린 시절 시골에 놀러 가면 할머니께서 손자를 위해 아침마다 따뜻한 달걀을 닭장에서 꺼내오시던 모습이 떠오른다. 그때의 달걀은 흰색이었다. 백색란을 낳는 닭이 갈색란을 낳는 닭에 비해 알도 더 많이 낳고 사료 섭취량도 적다. 그런데 소비자들에겐 황금색 갈색란이 더 맛있어 보이고 영양가도 높아 보인다는 선입견이 있다.

백색 계통의 산란계가 갈색 계통의 산란계보다 상대적으로 알을 잘 낳기는 하지만, 갈색계나 백색계 모두 거의 하루에 한 개꼴로 달걀을 생산한다. 산란을 시작하면 연간 300개 정도의 달걀을 생산하고 70주령 내외에서 도태되어 고기로 활용된다.

산란계는 맨땅에서 놓아기르는 방사 유정란이나 인위적인 방법을 가하지 않는 유기 축산에 의한 유기 달걀을 생산하는 닭을 제외하고는 5~6마리가 좁은 공간의 케이지에 갇혀 지낸다. 이런 케이지를 최대 8단까지 쌓아 닭을 밀집사육 하는데, 2005년까지만 하더라도 농장당 3만 수 정도가 평균적인 사육 규모였으나 이러한 시설이 본격 보급되면서 10만 수 이상 사육 농가가 전체 달걀의 60퍼센트를 생산할 정도로 산란계 농장의 규모화가 이뤄졌다. 5만 수 이상의 닭을 사육하는 곳을 대형 농장이라 할 때 이들 대형 농장 300여 곳의 달걀 생산량은 전체의 80퍼센트에 달한다. 나머지 1,300여 농가가 20퍼센트를 생산하고 있는 것이다.

산란계 농장의 크기는 상상 이상이다. 전남이나 경북 그리고 강원 지역의 군 단위 소도시는 인구가 3만 명도 채 안 되는 곳이 많다. 3만 수 규모의 농장 한 곳이면 전체 군민에게 매일 달걀을 한 개씩 공급할 수 있다. 실로 어마어마한 규모가 아닐 수 없다. 특정 시군 전체에 필요한 축산물을 한 농장에서 생산해 공급할 수 있을 정도로 규모화된 농장은 산란계 농장밖에 없다. 낙농 목장이 하루 3톤의 우유를 생산한다고 했을 때 200밀리리터 우유팩으로 환산하면 하루 1,500개를 생산하는 꼴이다. 하지만 우유 3톤을 생산하는 농장은 손에 꼽을 정도로 큰 대형 농장이지만, 3만 수 규모의 산란계 농장은 평균 사육 규모에도 미치지 못하는 작은 농장에 불과하다.

그럼에도 산란계 농장은 더욱 큰 규모를 추구하고 있다. 인구 90만인 성남시 전체 시민에게 매일 달걀을 한 개씩 공급하고도 남을 정도인 100만 수 규모를 뛰어넘는 농장들이 하나둘 생기고 있다. 충남에 있는 100만 수 규모의 한 농장주는 1,000만 수 규모의 산란계 농장을 경영하는 게 꿈이라며 부지를 물색 중이다. 이는 서울시 전체 인구에 매일 달걀을 공급할 수 있는 규모다.

통계청이 조사한 달걀 한 개의 생산비는 약 118원으로, 생산비만

따져봐도 100만 수 농장의 하루 매출은 1억 1,800만 원이다. 여기에 농가 마진 등을 고려해 개당 10원의 마진만 붙여도 하루에 1,000만 원의 순익을 올릴 수 있다. 한 달 매출이 35억 4,000만 원, 일 년이면 430억 원이 넘는 매출을 올리는 것이다. 게다가 이렇게 규모가 커진 산란계 농장은 규모의 경제 실현으로 통계청이 추정한 달걀 생산비보다 낮은 가격에 달걀을 생산해낼 수 있다.

이런 대형 농장은 일부 달걀은 정상 가격에 판매하고 재고로 남은 달걀은 덤핑으로 물량을 밀어내며 전체 달걀 가격을 하향시키고 있다. 이로 인해 달걀은 늘 공급 과잉 상황을 맞게 되고 중소 농장들은 적자에 허덕일 수밖에 없다. 결국 적자를 견디지 못하는 농장들은 자신들도 농장 규모를 키울 것인지 아니면 그만 접을 것인지 하는 고민에 빠지게 된다.

참고로 미국은 약 200개소의 산란계 양계장에서 2억 8,000만여 마리의 닭을 사육한다. 농장당 평균 140만 수를 사육하는 것으로, 각 농장에서 하루 110만 개 내외의 달걀을 생산한다. 1980년대 후반까지만 하더라도 2,000여 곳에서 평균 14만 수 정도의 닭을 키웠으나 규모화 경쟁 속에 대부분 구조조정 되고 현재 200개 농장이 미국 전역에 달걀을 공급하고 있다. 이 때문에 미국은 달걀로 인한 살모넬라균 감염 등의 사고가 발생하면 도저히 통제할 수 없는 수준으로 피해가 확대된다. 우리 양계장들도 현 상태를 방치한다면 현재 1,600여 곳에 이르는 양계장이 미국과 같이 200여 곳만 남고 나머지는 사라질지도 모를 일이다.

공급은 수요-공급의 법칙에 따르기 마련이다. 폭발적 수요를 감당하기 위해 대량 생산을 하게 되는 것이다. 그런데 현대에서는 그 논리가 맞지 않는 경우가 많다. 대량 생산에 따른 공급 과잉이 가격을 낮추고 소비를 유도하기도 하기 때문이다. 특히 공장화에 따른 대량 생산은 경쟁력 강화라는 이름하에 수요-공급의 법칙과 상관없이 이루어진다. 농축산업의 대량 생산화, 즉 공장식 농축산도 누군가의 주도하에 이루어졌다.

공장식 축산의 시작

공장식 축산factory farming 또는 공장형 축산은 종래의 전통적인 방목형 축산과는 달리 효율성을 우선시하여 높은 조밀도의 시설에서 식용 동물들을 사육하는 축산법이다.[1] 즉, 넓은 공간을 필요로 하는 방목형 축산이 아니라 작은 공간에서 많은 가축을 생산하는 시스템이라는 것이다. 하지만 가축을 공장화된 시스템에서 생산하려면 여러 조건들을 갖춰야 한다.

•••• 1 위키백과 한국어판.

방목형 축산에서 공장식 축산으로의 전환은 가축에게 먹일 먹이의 조달이 어려워지면서부터 시작되었다. 공장화되기 이전에는 농가에서 발생하는 농식품 부산물, 즉 남은 음식이나 들풀, 탈곡을 하고 난 볏짚, 콩깍지 등을 적절히 배합해 가축의 먹이로 사용했다. 하지만 가축 사육의 수익이 커져 키우던 돼지와 닭의 수가 몇 십 배로 늘어나게 되자 먹이 조달이 어려워졌다. 집집마다 다니면서 잔반이며 부산물을 구하고 필요에 따라 구매하기도 했지만 일손이 달리고 더 이상 부산물만 가지고는 가축을 키울 수 없게 됐다.

그래서 등장한 것이 배합사료다. 국내의 배합사료 공장은 1970년대부터 본격적으로 건설되었다. 미국에서 수입한 값싼 곡물을 적당한 비율로 섞어 생산하는 동네 방앗간 수준의 작은 공장이었지만, 사료 부족으로 가축을 키우는 데 어려움을 겪던 농가들에게는 희소식이 아닐 수 없었다. 미국에서 값싼 곡물을 수입해 사료로 만들지 않았더라면 우리 축산업은 지금과 같은 전업화나 공장화의 길을 걷지 않고 다른 형태의 축산업 구조를 가지게 되었을지 모른다. 따라서 전문화된 사료 공장을 통해 가축의 먹이를 조달하던 이 시점을 국내 공장식 축산의 시작으로 꼽을 수 있다.

그런데 이에 앞서 축산업의 공장화를 앞당긴 사건이 바로 농업 부분의 공장화다. 농지는 농업 생산에 있어 공장과 같은 역할을 한다. 땅에 노동력과 자본(자본을 활용해 획득한 비료, 농약, 농기계, 씨앗)

넓은 초원에서 방목하는 축산 농가는 극소수에 불과하다.

을 투여하면 농산물이라는 제품이 생산된다. 공장화가 되기 이전의 농업에서는 농부가 그해 소출 중 가장 실한 것을 골라 종자로 삼았고, 추수 후 발생한 부산물을 가축에게 먹여 비료와 고기를 생산했다. 또 이렇게 생산한 농산물과 축산물은 가족의 식량이 됐고, 잉여 농축산물 일부를 물물 교환하거나 시장에 내다 팔아 농기구나 다른 재화를 구매했다.

이렇게 농업을 위한 원자재부터 생산, 가공, 유통에 이르기까지 전 과정을 담당했던 농업은 이후 대형 지주가 탄생하고 넓은 경작지에서 더 많은 소출을 올리기 위해 여러 과학기술들이 활용되기 시작하면서 분업화의 길을 걷게 된다.

넓은 농지를 적은 노동력으로 경작하기 위해서는 신기술이 필요했는데 산업혁명 직후 화학 비료, 농기계 등의 발명이 이를 뒷받침했다. 과거 가축 등에 의존해야 했던 비료는 인광석을 활용한 비료 공장에서 대량 생산이 가능해졌고, 이후 암모니아를 이용한 화학 비료의 개발은 비료 생산량뿐만 아니라 가격까지 획기적으로 낮췄다. 여기에 공업화를 통해 만들어진 기계들이 농업에 활용되면서 본격적으로 인간의 노동을 대체해나가기 시작한 것이다. 또한 제2차 세계대전과 베트남 전쟁 때 개발된 생화학무기가 살충제, 제초제 등으로 이용되면서 수작업으로 이뤄지던 비료와 해충 방제 작업 등이 일대 전환을 맞게 되었다.

일일이 밭 갈고 삽질하고 호미질을 해야 했던 인간의 노동력은 최소화되고, 경운기와 트랙터 등 자본을 활용한 각종 기계와 생화학적 농자재가 그 역할을 대신하게 되었다. 그 뿐만 아니라 생산을 높이기 위해 화학 비료를 더 투여하고 제초제와 살충제에 더욱 의존하게 되었다. 이러한 기술의 진보 덕분에 농업 인구의 감소에도 불구하고 더 많은 농산물이 생산되고, 심지어 공급 과잉으로 식량을 활용한 새로운 산업, 즉 축산업이 새롭게 탄생하게 되었다.

전통적으로 축산은 농업 안에 포함되었다.[2] 농산 부산물을 먹이로 사용하는 소는 우유를 제공하고 농작업을 위한 동력이 되어주었고, 돼지는 고기로 소비되었으며, 닭은 알을 주로 생산했다. 이와 더불어 가축의 분뇨는 훌륭한 유기질 비료로 활용되었다. 즉, 농업과 축산은 서로 에너지를 교환하며 생태순환농업의 사이클을 이뤄왔던 것이다.

하지만 농업이 공장화되면서 축산과 농업의 순환은 그 의미가 약해지거나 사라져버렸다. 농산물 중 상당수를 가축의 사료로 사용하면서 축산업은 농업에서 독립하게 되었고, 농작물 비료로 사용되던

•••• 2 농업과 괴리된 전문화된 축산 형태가 과거에 일부 존재하기도 했다. 몽골, 서남아시아 등을 중심으로 유목민족이 가축을 기르는 방식이나 산업화 이전의 미국에서 일명 카우보이들이 초원을 찾아 소 떼를 이동시키던 방식 등이다. 이러한 방목 형태의 축산은 자연과 축산 사이의 순환으로 볼 수 있다.

가축 분뇨는 이제 골치 아픈 오염물질, 폐기물로 인식되었다. 화학 비료로 재배된 곡물을 가공해 생산한 배합사료는 축산업에서 주요 먹이가 되었고, 한정된 공간에서 더 많은 가축을 키우기 위해 필요한 각종 소독약이 개발되었으며 항생제가 상시 급여되는 형태로 축산업도 공업화되기 시작했다.

우리 농업의 공장화

과거의 농업은 생산, 가공, 유통, 소비 등 전 과정이 가정 또는 농장, 기껏해야 지역을 넘어서기 어려웠다. 쉽게 변질될 가능성이 높았기 때문으로 지금처럼 원거리에서 필요한 식량을 조달할 수 없었기 때문인데, 이로 인해 좋은 경작지를 확보하기 위해 전쟁을 벌이기도 하고, 유럽인들이 미국으로 이주한 것처럼 좋은 경작지를 찾아 이주하기도 했다.

현재의 농업은 생산 부분의 공업화와 산업화에 머무르지 않고 값싼 석유를 바탕으로 한 선박, 항공, 기차, 자동차 등의 물류 혁명에 힘입어 탈지역화로 이어졌다. 우루과이라운드 협상이 타결되기 이전 GATT 체제 내에서 제한적으로 이뤄지던 농업 무역은 곡물을 뛰어넘어 채소, 청과, 화훼 그리고 운송이 가장 까다로운 유제품, 육류 등 축산물로 확대되기에 이르렀다.

농업 경쟁력이 강한 나라가 상대적으로 취약한 나라를 대신해 농산물을 생산하고, 농업 경쟁력이 약한 나라는 다른 부분에 집중함으로써 경제 발전을 이뤄내야 한다는 논리가 GATT 이후 출범한 WTO의 주된 농산물 무역 논리이자 개도국들의 발전 전략이다. 하지만 미국 등 농업 경쟁력이 강한 거대 농업 수출국들의 저가 농산물은 개발도상국의 중소농을 몰락시키기 시작했고, 국가의 유일한 산업인 농업의 몰락은 국가 경제를 파탄으로 몰고 가 결국 값싼 농산물조차 구입할 수 없는 상황에 이르게끔 했다.

선진국들의 이러한 농업의 공업화 경쟁에서 기적처럼 살아남은 우리 농업은 선진국 농업에 맞서기 위해 농업의 공업화를 위해 진력했다. 하지만 자본집약적 산업으로 변모된 공장식 농업은 농민들이 인식하지 못하는 사이 대규모 식품 회사나 대형 소매 유통[3] 같은 전방산업이나 사료, 종자 등 후방산업에 종속되어 갔다.[4] 과거 전통적 의미의 농민[5]은 사라지고 농업 자재 등 후방산업 없이는 더 이상 농사를 지을 수 없게 되었으며, 공급 과잉 시대가 되면서 대형 소

•••• **3** 대형 소매 유통이란 미국의 월마트, 프랑스의 까르푸, 영국의 테스코와 같은 다국적 할인마트를 뜻한다. 국내에서는 이마트나 롯데마트 같은 소비자 접점의 대형 유통점을 총칭하며, 맥도날드, KFC, 롯데리아처럼 농축산물 직접 구매가 많은 대형 프랜차이즈 외식업체도 여기에 속한다.

4 농업에서는 원자재를 공급하는 부분을 후방산업, 농산물을 가공·유통하는 부분

매 유통업체와 좋은 관계를 맺지 않고서는 더 이상 농산물을 판매할 수 없는 상황이 도래하였다. 농업의 공업화를 넘어 이제는 원자재를 공급하는 후방산업과 이를 가공, 유통하는 전방산업(육가공, 유가공, 도축, 도정, 도소매 유통)과의 유기적 결합 없이는 농업의 존립 자체가 어렵게 된 것이다.

1970년대 이전까지만 해도 우리나라에는 보릿고개가 있었다. 그러던 것이 필리핀 미작연구소에서 육종한 다수확 품종의 벼를 도입해 농촌진흥청이 우리 기후와 토양에 맞게 육종, 공급하면서 만성적 공급 부족 품목이었던 쌀의 자급이 가능해졌다. 보릿고개가 없어진 것이다. 이를 '녹색혁명'이라 부르는데, 이때 육성, 공급된 벼가 통일벼다.

녹색혁명과 통일벼가 우리 농업의 공장화와 무슨 관련이 있을까? 그것은 통일벼가 안고 있는 결정적 약점에 있다. 극단적 다수확 품종인 통일벼는 각종 질병과 해충에 대한 저항력이 약했고, 많은 양의 알곡을 맺다 보니 기존 시비施肥(거름주기) 방법으로는 양분

을 전방산업이라 할 수 있다. 전방산업에는 도축장, 미곡처리장, 햄 등을 만드는 육가공 회사, 농산물을 판매하는 시장 또는 대형 할인마트 등이 포함되고, 후방산업에는 사료, 비료, 종계 및 부화, 종축, 종자 및 종묘, 농약, 동물 약품, 농기계, 농자재 부분이 포함된다.

5 전통적 의미의 농민이란 비료, 가축 사료, 농자재 등을 자급하고, 품목이나 파종 시기, 출하처를 스스로 결정하는 농업인을 말한다.

을 충분히 공급할 수 없었다. 자연스럽게 화학 비료와 농약 사용이 늘어날 수밖에 없었고, 이들 화학 물질의 대량 살포로 농지는 산성화되고 논은 생물 다양성을 잃어갔다. 통일벼에는 알게 모르게 많은 화학 물질이 들어 있을 수밖에 없었고, 그로 인해 우리 국민들은 원인 모를 성인병에 고통당해야 했다.

또한 식량 증산이라는 쾌거를 이루긴 했으나 우리 농업이 농약과 비료 산업의 영향력 아래로 깊숙이 들어가게 되었고, 우리 농부들은 비료와 농약을 관행적으로 사용하는 농법에 익숙해져 갔다. 우리 농업 R&D와 기술 전파의 중추적 역할을 수행하고 있는 농촌진흥청이 1980년대까지 주력으로 추진한 사업은 작목별로 얼마만큼의 화학 비료를 사용해야 하는지, 언제 해충 방제를 위해 농약을 쳐야 하는지를 농민들에게 전파하는 것이었다. 1990년대 들어 농촌진흥청은 친환경 농업을 위한 기술 및 농자재 개발 쪽으로 관심을 돌렸지만, 과거 농촌진흥청이 수행했던 비료, 농약 관련 업무는 여전히 농촌진흥청 내에서 주요 업무로 자리 잡고 있다.

우리 축산업의 공장화

우리 농업과 축산 부분의 공장화는 미국 등 선진 농업국과 비교했을 때 중소 규모도 되지 않는 영세한 수준이다. 1960~1970년대 박정희 정권은 미국, 호주 등 해외 축산 부국을 시찰하고 돌아와 축산 부분의 전업화를 추진했다. 이른바 축산 붐이 일어나면서 국내 축산업의 공업화가 시작된 것이다.

정부는 농협중앙회를 독려해 축산 부분 전업화를 위한 주요 후방 산업인 배합사료 공장을 짓게 했고, 양계와 낙농, 양돈에 진출하는 농가를 위해 외국의 개량 품종을 수입했다. 미국, 캐나다, 호주로부터 젖소가 도입되고 안성, 평택, 화성 등 경기 남부 지방을 시작으로 서울 근교와 고양, 양주, 포천 등 북쪽으로 사육 지역이 확대되었다. 수도권의 많은 농가가 크고 작은 농장을 짓기 시작했다. 1980년대 중반 이후 축산 전업농가가 크게 늘어나며 축산업은 농촌 경제의 견인차 역할을 했다.

미국 등 농업 선진국에서는 축산업이 곡물 소비의 한 축으로 자리 잡은 것과 달리 우리는 곡물 자급률이 매우 낮아 미국의 곡물 산업이 우리 축산업의 사료 공급처가 되었다. 미국의 값싼 옥수수와 콩에서 기름을 짜고 남은 대두박이 가축 사료로 주로 활용되는데, 미국의 곡물 수출이 중단된다면 우리 축산업은 한순간에 무너질 정도다.

실제로 1997년 12월 금융위기 당시 외환보유고가 바닥나자 달러를 구하지 못한 배합사료업계가 축산 농가에 사료를 원활히 공급하지 못하는 사태가 발생하기도 했다. 800~900원대를 유지하던 원-달러 환율이 2,000원에 육박하자 1998년 국내 사료용 곡물 도착가격은 1996년 대비 두 배 가까이 급등했고 배합사료 가격도 두 배 가까이 상승했다. 배합사료 회사들은 농가와의 외상거래를 중단했고 공급하던 사료의 질도 떨어져 농가의 피해가 이만저만이 아니었다. 축산업계는 사료 품귀 현상으로 사육을 지속할 수 없어 많은 가축을 긴급 도축해야만 했다.

1997년 외환 위기는 미국 식량 농업의 영향에 따라 우리 축산업이 존폐 위기에 놓일 수도 있다는 우울한 전망을 가능케 했던 가슴 철렁한 기억이었다. 여기에 축산업계는 2000년을 전후해 시장 개방을 앞둔 불안한 상황 속에 있었고, 사료 가격 급등으로 인한 홍수 출하로 축산물 가격이 급락하며 우리 축산업은 붕괴 직전에 몰려 있었다. 특히 종축(씨를 받으려고 기르는 짐승)을 해외에서 수입할 수 없는 한우는 긴급 도축의 영향으로 산업이 사라질 수도 있다는 불안함이 감돌아 당시 송아지 가격 안정제[6]와 같은 제도가 만들어지기도 했다.

육계 사육 농가의 경우 사료를 구매하고 싶어도 할 수 없는 상황이었기 때문에 원자재를 안정적으로 공급받을 수 있는 계열화 사업

•••• **6** 송아지 가격이 기준 가격 이하로 떨어지면 차액을 일부 보전해주는 제도로 한우 암소를 키우는 농가와 정부가 1:1로 펀드를 조성해 운영하고 있다.

이 탈출구로 보였고, 당시 단독 사육하던 육계 농가 상당수가 하림 등 수직계열화 사업체와 거래해야만 했다.

2003년 미국의 흉작 등의 영향으로 곡물 가격이 폭등하며 농가들을 어렵게 했고, 2007~2008년에는 바이오에너지산업에 대한 미국 정부의 인센티브 제공으로 또다시 곡물 파동을 겪었다. 그리고 2011~2012년에는 미국 콘벨트 지역의 극심한 가뭄으로 2008년 수준까지 곡물 가격이 오르면서 우리 축산업은 다시 한 번 위기를 맞았다.

3~4년 주기로 곡물 파동이 반복되고 있지만 우리 축산업계는 물론이고 우리 정부도 마땅히 할 수 있는 일이 없다는 게 더 큰 문제다. 배합사료 원료를 전혀 자급하지 못하고 있는 상황에서 미국 곡물 시장이 요동치면 그 충격파를 그대로 맞아야 하는 것이 우리 축산업의 현실이다. 미국의 파종기 혹은 수확기 기상에 깊은 관심을 가져야 할 정도로 우리 축산업은 미국 농업에 종속되고 말았다.

물가 안정, 결국 농축산업의 공장화로

우리 축산업은 정부의 물가 안정 기조로 인해 규모화, 공장화의 길로 가야만 했다. 미국 농업에 여전히 종속되어 있는 상황을 탈피하고자 하는 노력 없이 미국의 값싼 곡물에 의존하면서 양돈 농장과 산란계 사육 농장에서는 웬만한 중소기업 못지않은 매출과 영업이익을 올리는 농장이 하나둘 등장했다.

하지만 주요 농축산물의 가격을 살펴보면 10년 전이나 지금이나 별 차이를 느끼지 못할 것이다. 작황에 따라 일시적 가격 상승이 있기는 하지만 농산물의 공급 과잉 상황이 대부분이어서 생산비에도 못 미치는 가격이 책정되는 경우도 부지기수다.

농가들이 가격 하락을 우려해 파종 면적을 줄이거나 가축의 입식 규모를 조정하거나 혹은 질병, 수해나 병해 등으로 인해 흉작을 맞으면 농산물 가격 상승세가 장기간 지속되기도 한다. 이렇게 가격이 상승하면 정부는 물가 안정을 빌미로 비축 농축산물을 긴급히 방출하고, 여의치 않을 경우 할당관세 적용 등을 통해 농축산물의 수입을 확대해 가격 하락을 부추긴다.

이러한 고육지책의 반복으로 농촌에서의 자본 축적은 꿈도 꾸지 못할 신기루가 되고 말았다. 농민들은 새벽잠을 설쳐가면서까지 뼈 빠지게 농사를 짓는데도 농약과 비료, 종자 값을 주고 나면 손에 쥐어지는 것은 몇 푼 되지 않았다. 축산 부분도 사료 값 주고 대출이자 갚고 나면 식구들 밥 먹고 아이들 교육시킬 수준 이상은 되지 못했다. 대출 원금 갚기는 사실상 포기한 거나 마찬가지인 경우도 부지기수였다. 그러자 농촌에 비해 기대소득이 높아 보이는 도시로 청

장년층이 꾸준히 빠져나갔고, 그러다 보니 자연스럽게 가구당 경작 규모가 확대되었다. 또한 규모화를 통해 부족한 소득을 메우려는 노력으로도 이어졌다.

양계 농가들은 1990년대 중후반까지만 하더라도 3만 수 규모의 양계장을 하면 떵떵거리며 살 수 있다고 했지만, 2000년대 중반부터 3만 수 규모 정도는 소농으로 취급받고 있다. 산란계의 경우 10만 수는 돼야 과거의 수익을 얻을 수 있다고 농가들은 말한다.

하지만 사육 규모를 늘리면 늘릴수록 공급 과잉으로 이어져 양계산물의 가격은 떨어지고 만다. 그로 인해 생산량은 늘었지만 순익은 과거와 비교해 별 차이가 없는 경우가 많다. 양계뿐만 아니라 대부분의 농산물이 비슷한 상황이다. 이를 농업의 트레드밀agricultural treadmill 효과라 하는데, 과학기술의 발달로 농업 생산성이 증가해도 공급 과잉 탓에 가격이 하락해 러닝머신 위를 달리는 것처럼 다시 제자리 상황이 된다는 것이다.

농가들은 이러한 상황을 극복하기 위해 규모를 더욱 늘리거나 신기술을 활용해 생산성을 더욱 높이려 하지만 그럴수록 공급 과잉 상황이 더욱 가중되면서 중소농은 사라지고 대형 농장만 살아남게 된다. 그럼에도 농가들은 살아남기 위해 생산성 향상, 품질 향상, 생산비 절감, 서비스 강화, 농장의 규모화 등 농업의 공업화에 더욱 속도를 내는 수밖에 없다.

이처럼 생존을 위해 농업의 공업화를 추진하려는 처절한 노력에도 불구하고 우리 농업은 상당한 위기에 처해 있다. 우리보다 더 공업화된 선진국 농산물과의 경쟁에서 우위를 점하지 못하고 있기 때문이다. 정부는 한미 FTA(자유무역협정) 등 농업 선진국과의 무역 확대를 위해 농산물 시장을 개방하고 있다. FTA나 DDA(도하개발어젠다) 협상에서 자동차, 반도체 등 수출 경쟁력이 있는 품목에 대해 최대한 상대국을 압박하며 개방을 요구하면서 경쟁력이 없다고 판단한 우리 농축산업을 양보 카드로 활용하고 있는 것이다. 그러면서 가격 경쟁력이 취약한 우리 농업은 생산비 절감에 더욱 박차를 가해야 생존이 가능하다고 이야기한다. 미국, 유럽 등과의 FTA로 가장 큰 피해를 입게 될 축산 부분에서 정부 주도로 생산비 절감 캠페인을 벌이고 있는 것도 이러한 맥락에서다.

정부는 외국의 값싼 농산물과의 경쟁에서 살아남기 위해서라도 우리 농업이 스스로 체질을 강화해야 할 것이라고 농민들을 윽박지르고 있다. 그러면서 과거 공업 부분이 개방과 수출 위주의 산업 정책으로 품질과 가격 경쟁력을 확보했던 것처럼 우리 농산물도 개방과 경쟁을 통해 선진국 수준의 경쟁력을 갖게 될 것이라는 황당한 논리로 농민들을 안심시키려 하고 있다.

3장

관행이 된
공장식
농축산

· · ·

2011년 구제역이 전국으로 확산되며 가축 수백만 마리가 살처분 되는 초유의 사태가 벌어졌다. 그 참담한 광경을 보며 축산농가는 물론이고 일반 국민들도 왜 수많은 가축이 희생되어야 하는지 의문을 제기하기 시작했고, 혹 구제역 때문에 인간이 2차 피해를 입지 않을까 하는 두려움과 공포에도 시달려야 했다.

질병의 확산을 막기 위해 곳곳에 방역대를 설치하고 무인 헬리콥터까지 동원해 소독약을 살포했다. 구제역으로 의심되는 가축이 발견되면 모두 땅에 묻었고, 결국 소나 돼지처럼 발굽이 갈라진 우제류 가축 전체를 대상으로 예방 접종을 실시하고 나서야 겨우 안정기에 접어들 수 있었다.

사람들은 구제역 발생 원인에 의문을 가졌고, 결국 좁은 공간에

· · ·

가축을 가두어 키우는 공장식 축산을 주된 원인으로 꼽았다. 축산업에 근본적인 변화가 필요하다는 의견을 공개적으로 밝히기 시작했고, 육식을 중단하겠다고 선언하는 유명인이 등장하기도 했다. 그런가 하면 미디어에서는 각종 채식 정보가 눈에 띄게 늘기 시작했다.

하지만 인간은 망각의 동물인지라 몇 개월의 시간이 흐르자 거부감을 공개적으로 표현하는 사람들이 줄고 다시 예전처럼 육류 섭취에 온 국민이 열을 올리고 있다. 그래도 과거와 달리 채식이나 유기농법에 대한 관심이 고조되고 있고, 동물복지를 생각하는 소비자들도 확실히 늘어났다. 정부도 구제역 발병으로 커다란 사회적 비용이 발생하자 축산업을 선진화하겠다는 구상을 발표하고 동물복지

. . .

축산 농장 인증 제도를 도입하는 등 후속 조치에 열을 올리고 있다.
  육계 산업과 수직계열화 사업 그리고 구제역과 공장식 축산은 별
개의 것이 아니다. 닭고기 산업의 변천사는 곧 우리 축산업이 차근
차근 밟아온 공장화의 길과 같은 맥락에서 봐야 한다.

농업 공장화의 첫 단추, 규모화

정부는 농산물 시장이 개방된 상황에서 우리 농업인이 농업 선진국과의 경쟁에서 살아남기 위해서는 미국과 같은 공장식 농업으로 방향을 바꿔야 한다고 주장한다. 농장은 더욱 커져야 하고, 농업인의 숫자는 지금보다 줄어야 한다. 그래야 농장의 규모화를 확실히 이룰 수 있어 농축산물 가격이 더 내려갈 수 있는 여지가 생긴다.

농업의 규모화는 농업 공장화의 첫 번째 단추다. 우리나라에서 농장이 규모화되며 본격적으로 공장화가 진행된 것은 1990년대부터다. 1990년대는 우리 경제가 보호주의에서 개방으로 패러다임을 바꾼 시기로, 공업화와 수출을 통해 어느 정도 경쟁력을 갖췄으니 이제 보호주의를 끝내야 한다고 선진국으로부터 압박을 받던 때이다. 이에 정부는 쌀을 제외한 대부분 품목, 특히 축산 부분을 개방하는 것으로 협상을 마무리 지었고, 농업계의 불만을 잠재우기 위해 전례 없던 대규모 투융자 사업을 준비했다.

결국 정부의 바람대로 우루과이라운드 협상이 타결됐고, 정부는 준비했던 보따리를 풀기 시작했다. 영농 규모의 확대와 전업농 육성 사업을 큰 틀로 하는 농어촌발전종합대책을 1989년 발표했고, 이후 전업농가의 영농 규모화를 유도할 각종 법적 장치를 마련하기 시작했다. 개방 일정이 2000년 전후로 정해지자 정부는 42조 원의 농어촌 투융자 계획을 3년 앞당겨 집행하며 농가들이 규모화와 시설 현대화에 나서도록 했다. 또한 쌀농사 위주에서 시설원예와 축산 부분 등 상대적으로 부가가치가 높은 품목으로 전환하도록 유도했다.

당시 개방을 앞둔 농촌은 이대로 폐업하느냐 아니면 정부 자금을 지원받아 농장의 규모를 늘려 개방에 대응하느냐 하는 선택의 기로에 서 있었다. 이러지도 저러지도 못하는 농가에서는 자급 수준의 농사만을 짓고 농업 외 소득에 의존하는 생존 방식을 택하기도 했다.

이러한 분위기 속에서 규모화에 가장 성공한 분야는 축산업이다. 1990년대 경제 발전은 축산물 수요의 증가로 이어졌고, 축산업으로 돈을 번 농가들은 대규모 시설 투자에 나섰다. 상대적으로 적은 농지로도 양돈과 양계 부문은 규모화가 가능했기 때문에 30~40대 젊은 농업인들이 축산업에 뛰어들거나 정부의 투융자 사업에 편승해 농장 규모화에 나섰다.

그런데 정부의 투융자 사업에 따른 구조조정, 즉 규모화가 어느 정도 성과를 나타내고 있던 상황에서 IMF로부터 대규모 구제 금융을 받는 외환 위기가 도래했고, 상당수의 축산 분야 중소농이 산업에서 자진 하차했다. 외환 위기와 시장 개방이라는 위기와 농업 경쟁력 강화를 위한 정부 지원 확대라는 기회가 교차했던 1990년대를 지나면서 우리 축산업은 소농 위주에서 중대형 농가 위주로 재편됐다.

이후 외환 위기를 극복해내고 축산물 소비가 다시 늘어나며 축산업은 사상 유례 없는 호황을 맞았다. 특히 외환 위기 당시 가축의 사육두수가 축종을 불문하고 급감하자 수요도 수요지만 공급 부분에서 문제가 발생하며 가격이 급등하기 시작했다. 축산물 가격의 급등세는 한우에서 두드러졌는데, 그 이유는 1990년대 말 엄청난 수의 한우가 도축되면서 사육 기반이 무너졌고 미국에서 광우병이 발병하며 미국산 소고기의 국내 수입이 중단됐기 때문이다. 외환 위기에서 살아남은 한우 농가들은 엄청난 돈을 벌어들였고, 중소농 위주의 한우 산업도 본격적인 규모화의 길을 걷게 되었다.

1990년대는 정부의 농업 부분 대규모 투융자 사업으로 노동력에 의존하던 영농이 쌀농사를 중심으로 완전히 기계화되고 축산 부분에서도 비약적인 성과를 올린 시기였다. 특히 축산 부분에서는 농장 확대에 걸림돌이었던 분뇨 처리 시설에 대한 대규모 지원, 사료 급여와 환기 등을 자동으로 처리하는 첨단 축사 도입, 착유 시설 현대화 등으로 2000년대 중반 이후 대규모 축산업이 정점에 다다르게 되었다.

양계의 경우 산란계를 중심으로 3만 수 이상의 사육 규모가 일반화되기 시작했으며, 먹이를 공급하는 급이 시설과 더불어 환기 시설에도 선진 기술이 도입되면서 3만 수를 넘어서는 초대형 양계장이 속속 등장하게 되었다.

농업의 기업화 = 수직계열화

우루과이라운드 협상 타결 이후 1990년대 중반 들어 축산과 시설원예 부분의 농업인 투자가 대폭 늘어났다. 정부가 시장 개방 이후 우리 농업의 경쟁력 강화 방안으로 벼농사에 집중돼 있는 농업을 축산과 원예 등으로 다각화하도록 유도했기 때문이다. 좁은 국토에다 산지가 많아 땅값이 다른 농업 선진국에 비해 높을 수밖에 없으니 부가가치가 낮은 식량자원보다는 축산업이나 시설원예로 품목을 전환하는 것이 낫다고 판단했을 것이다.

농장 단위의 규모화와 더불어 1990년대에 정부는 농가의 조직화를 정책적으로 추진했다. 개별 농장 단위의 규모화는 한계가 있는 만큼 여러 농가가 생산한 농축산물을 모아 공동으로 판매함으로써 규모의 경제를 확실히 구축하겠다는 것이 그 목적이었다.

조직화의 벤치마킹 대상으로는 미국의 타이슨푸드Tyson Foods와 같은 닭 수직계열화 업체와 썬키스트Sunkist, 덴마크의 데니시크라운

Danish Crown 과 스웨덴의 알라푸드Arla Foods 같은 대형 협동조합과 농기업이 열거되었다. 이들은 사료 등의 원자재부터 시작해 농장-가공-유통-수출을 한 주체가 담당하는 수직계열화 모델이었지만 당시 국내에는 이러한 수직계열화 사업을 주도할 만한 기업이나 조직이 없었다.

축산 부분의 경우 1980년대 초반 농협중앙회에서 분리 독립한 축협중앙회와 회원 축협, 품목 축협들이 있기는 했지만 역사가 미천하고 보유하고 있는 인프라도 적었을 뿐만 아니라 미국과 유럽의 대형 계열화 회사나 협동조합과 비교해 경쟁력이 없어 보였다. 이를 극복하기 위해 우리도 미국의 타이슨푸드와 같은 육계 계열화 회사나 덴마크의 데니시크라운과 같은 양돈 계열화 협동조합을 추구하며 계열화 사업에 대한 대대적인 지원을 시작하였다.

이 같은 정부의 정책 자금을 받아내기 위해 많은 계열화 회사와 전문 협동조합이 젊은 축산인을 중심으로 생겨났다. 양돈 부분의 대표적인 계열화 협동조합인 도드람협동조합을 비롯해 지금은 하림그룹 계열인 선진, 팜스코가 탄생했고, 양계 부분에서는 하림, 체리부로, 동우, 대상, 충북육계, 전북양계, 축협 목우촌 등 많은 주체들이 계열화 사업에 참여했다.

양돈 부분의 계열화 사업은 LPCLivestock Processing Center 사업이 핵심으로, 현대화된 도축장 사업자가 돼지를 매입해 직접 판매까지 일

원화하는 구도로 추진됐다. 당시 LPC 사업 희망자에게는 200억 원 규모의 자금이 지원됐는데, 부경양돈축협, 축협중앙회, 한국농수산식품유통공사의 자회사였던 한냉, 안성시 등이 LPC 사업에 뛰어들었으나 양돈 계열화 사업도 LPC 사업도 별다른 성과를 내지 못했고, 많은 시간이 흐른 지금에 와서야 서서히 자리를 잡아가고 있는 형국이다.

양계는 양돈에 비해 비교적 빠른 시기에 수직계열화 사업이 성공할 수 있었다. 양계 사업은 회전율이 양돈보다 두 배 이상 빠르고, 하림 등이 주도한 병아리 위탁 사육 방식이 육계 부분에서 비교적 쉽게 정착되면서 양돈 부문에 비해 빨리 수직계열화 사업의 성과물을 얻어낼 수 있었다.

양돈은 지금도 수직계열화 사업보다는 축산 농가가 생산한 돼지를 육가공 업체나 공판장에 출하하는 형태의 거래가 주를 이루는데, 이는 육계 농가에 비해 양돈 농가들이 자본 축적이 잘되어 있다 보니 자본 중심의 계열화 사업에 편입되지 않고도 사업을 안정적으로 끌고 갈 수 있었기 때문이다. 하지만 이러한 추세도 시간이 흐를수록 약화되어 양돈 농가들도 자본 중심의 수직계열화 사업에 서서히 편입되어가고 있다. 양계 부분에서는 계열화 사업자가 직접 닭고기 사육에 나서지 않는 것과는 달리 양돈 부분에서는 계약에 의한 위탁 사육뿐 아니라 계열화 사업자가 직접 농장을 직영하는 등 자본의 진출이 활발해진 상황이다.

우리 농민들은 농업으로 자본이 유입되기 전까지만 하더라도 공생공멸의 길을 걸어왔다. 시장의 대표 가격 기능을 하는 가락동 도매시장의 가격이 오르내림에 따라 그날 거래되는 전국의 모든 축산물의 가격이 오르내리기 때문에 전체 농가가 가격 하락으로 다 같이 손해를 보거나 아니면 가격이 올라 다 같이 이익을 보게 되는 구조였다. 그중 누군가 생산비를 좀 더 낮추는 등의 경영을 통해 조금 더 돈을 버는 경우도 있었지만, 기본적으로 완전경쟁시장과 비슷한 구조인 농업의 특성상 누구도 가격을 책정할 수 없기 때문에 도매시장에서 책정된 가격을 모두 수용할 수밖에 없었다.

하지만 계열화 사업, 농가의 조직화 이후로는 상황이 다르다. 도매시장에 일괄적으로 출하하던 이전과 달리 계열화 사업 주체와 거래하기 때문에 가격 결정 방식도 달라지고, 농가 수입도 계열화 업체의 실력에 따라 좌우되기 시작했다.

계열화 사업 시스템의 대표 품목인 닭고기를 예로 들면, 계열화 사업이 진행된 이후 육계 사육 농가들은 어떤 계열화 업체와 거래를 하는지에 따라 처우가 달라졌다. 경쟁력 있는 계열 주체와 거래하면 농장의 경쟁력과 상관없이 닭이 잘 팔려나갔고, 그렇지 못한 업체와 거래하는 농가들은 돈을 떼이지 않을까 불안해하며 거래를 해야 했다. 실제로 초기 닭 계열화 업체 상당수가 자금 사정이 여의치 않아 농가에 사육 보수를 어음으로 지급하기도 했는데, 업체가 도산하는 경우가 비일비재하다 보니 사육 보수를 떼이는 수도 많았다.

특히 닭 생산에 필요한 투자 중 농장 건설을 제외한 원자재 구매, 생산된 닭의 가공과 유통을 계열화 사업자가 담당하기 때문에 닭고기 가격 불안에 따른 손실이 발생했을 때 과거와 달리 사업주 혼자서 손실을 떠안게 됨에 따라 실패에 대한 부담이 클 수밖에 없었다. 자신의 회사와 거래하는 농가의 수가 늘어나면 늘어날수록 공급 과잉이나 소비 부진으로 가격이 하락해 손실을 입게 될 경우 그 액수는 천문학적인 규모가 될 수밖에 없기 때문에 한두 번의 손실만으로 회사가 부도나기도 했다.

결국 산업이 수직계열화 체계로 가면 갈수록 계열화 사업주들은 실패를 회피하기 위한 수단을 강구해야 했고, 늘 생산비를 절감하고 남들보다 더 좋은 조건에 판매하기 위한 마케팅에 열을 올릴 수밖에 없게 되었다. 함께 망하고 함께 사는 산업에서 너는 죽고 나는 살아야 하는 경쟁의 논리가 지배하는 산업으로 변모하기 시작한 것이다.

농민의 자율성 상실

축산 부분, 특히 육계 부분 수직계열화 시스템에서는 생산된 축산물을 계열 주체가 모두 가져가 도축·가공·유통을 하고, 소비자가 지불한 비용 중 원자재 구매 비용과 가공 및 유통 비용, 계열 주체 마진 등을 제외하고 일정 수수료를 농가에 지급한다. 원자재 구매 및 공급 그리고 생산된 산물의 판매를 계열 주체가 책임지기 때문에 농가는 생산에만 전념하면 되고, 모든 경영적 판단은 회사가 하기 때문에 농가의 부담을 크게 해소할 수 있다.

하지만 전통적 개념의 농장은 더 좋은 품질의 원자재, 더 값싼 원자재 사이에서 선택하고 더 좋은 값을 쳐주는 유통 경로로 출하했던 반면, 수직계열화 시스템에 편입된 농장은 계열 주체가 주는 대로 가져다 쓰고 주는 대로 받아야 했다. 한마디로 자본의 지배를 받게 된 것이다. 농장은 더 이상 전통적 개념의 농장이 아니고, 농민은 더 이상 전통적 개념의 농민이 아니다. 농장은 계열화 사업자가 원자재를 투입해 가축이라는 재화를 생산해내는 공장으로 전락했고, 농민은 계열화 사업자의 지시에 따르는 노동자로 전락하고 만 것이다.

계열화 사업 이전의 농민이 후방산업인 사료와 비료, 농약과 동물 약품 산업의 간접적 지배를 받았다면, 계열화 사업에 참여하는 농민은 노골적이고 직접적인 지배를 받게 된 것이다. 기업주는 더 많은 이윤을 추구하고자 공장화된 농장과 노동자가 된 농민에게 생산성을 더욱 높일 것을 주문하고, 각종 인센티브와 페널티를 조합해 자신이 원하는 규격의 축산물을 자신이 원하는 수준의 비용 안에서 생산하도록 조정하기 시작한 것이다.

현재 닭고기 산업만이 자본과 기업의 지배 아래 공장화되어 있는 것은 아니다. 양돈 부문도 점차 육계 부문과 같은 구도로 산업이 변화하고 있다. 또한 농축산물의 브랜드화가 시작되면서 이러한 산업의 구조조정은 전 농축산물로 퍼져가고 있다.

배추나 무 같은 채소는 '밭떼기'로 거래가 이뤄진다. 유통기한이 짧고 가격 변동 폭이 큰 채소류의 특성과 수확을 위한 노동력 확보가 쉽지 않은 농촌의 여건 탓에 농가들은 손쉽게 많은 양의 농산물을 안정적으로 출하할 수 있는 밭떼기를 선호한다. 밭떼기는 계약한 가격과 출하 시기 가격에 큰 차이가 없을 경우에는 별 문제가 되지 않지만, 가격이 폭락하거나 폭등하는 경우 산지 유통인과 농가의 희비가 교차되기도 한다.

밭떼기는 3개월이나 6개월 후에 상품 인도와 대금 결제를 실행할 것을 현재 시점에서 계약하는 일종의 선물거래다. 계약 당시 적정 생산비에 농가 마진 등을 고려해 가격을 책정하기 때문에 기업 입장에서는 구매 비용을 미리 예측할 수 있어 좋고, 농가는 수급 상황에 영향 받지 않고 안정적으로 소득을 올릴 수 있어 서로가 만족스러운 거래를 할 수 있다. 김치 공장과 대형 소매 유통업체 대부분이 밭떼기로 물량을 확보하고, 경우에 따라서는 종자대나 인건비 등 일부를 선급금으로 지급하기도 한다. 한 발 더 나아가 기업에서 원하는 품종을 원하는 시기에 공급받기 위해 파종 시기와 출하 시기를 지정해주고 원자재를 공급하기도 한다.

김치 공장들이 많으면 배추 농사를 짓는 농가들은 더 좋은 조건을 제시하는 곳과 거래하게 될 것이다. 하지만 문제는 대형화에 있다. 시간이 흘러 닭고기 회사가 하림 등 몇 개 회사로 구조조정 되고 시장구조가 경쟁시장에서 과점시장으로 변화했듯이 김치 공장도 대형화되어 몇몇 업체가 시장을 장악하게 되면 배추 농사를 짓는 농가들은 더 이상 유리한 곳을 찾아 계약할 수 없게 된다.

점차 기업과 농가 간 직거래 물량이 많아지면서 전통적 가격 결정 창구이자 농산물의 분산 장소였던 도매시장의 역할은 축소되고, 김치 회사나 닭고기 회사가 지불하는 가격이 자연스럽게 시장 가격으로 인정된다. 중요한 것은 채소가 됐든 닭고기가 됐든 간에 농업을 기업이 지배하기 시작하면 농가는 자율성을 상실한다는 것이다.

생산 부분에서 공급 과잉 상황이 발생하면 농가에 대한 회사의 대우는 박해지고 농가들은 어느 김치 공장, 어느 닭고기 회사가 자신과 계약해줄지 촉각을 곤두세우며 이들 회사에 밉보이지 않으려

고 노력하게 된다. 올해는 내가 생산하는 배추를 얼마에 사줄까, 이
번에 공급하는 종자는 얼마나 생산성이 좋을까 걱정하게 되고, 혹
공정하지 못한 거래를 하게 되어도 차후의 일을 걱정하며 손해를 감
수하고 조용히 지나가게 된다. 결국 농가들은 자주성을 잃고, 자신
이 키우는 농작물과 가축에 대한 애정도 잃는다.

미국 농산물의 경쟁력에 대한 오해

중앙대 윤석원 교수는 한미 FTA 협상의 가장 큰 문제점이 미국의
농업 보조금과 관련된 부분을 짚고 넘어가지 않은 것이라고 지적한
다.[7] 미국은 자국 농민에게 여러 종류의 보조금을 지급하는데, 미국
농민들은 순익 중 절반 가까이를 정부의 직접 지불 사업에 의지하
고 있다. 농업 수익, 기본 직불금, 소득 보전 직불금의 합이 목표 수
익에 도달하지 못할 경우 추가로 보조금을 지급하는 소득 보장 직
불 제도를 시행하고 있기 때문이다.

　가격과 소득을 정부가 보장해주기 때문에 농민들은 되도록 많은
농산물을 생산하려 할 것이다. 그렇게 되면 자연히 공급 과잉 상황

•••• **7**　윤석원, 《농산물 시장개방의 정치경제론》(한울아카데미, 2008)

이 발생하고 농산물 가격은 곤두박질칠 수밖에 없으며 다른 나라에 비해 가격 경쟁력이 생길 수밖에 없다. 또한 값싼 곡물을 활용한 축산업이 발전함으로써 육류의 가격 또한 낮아질 수 있었다. 이렇게 저렴한 식량과 육류 덕에 거대 식품 기업이 생겨나고, 맥도날드처럼 세계적인 경쟁력을 갖춘 외식업체도 생겨날 수 있었다.

미국 정부는 재정 건전성이 좋지 않아 보조금을 줄이고 싶어도 미국 농민들은 물론이고 농민들이 생산한 곡물에 의지하고 있는 축산업계, 대형 식품 회사들의 저항이 거셀 것이므로 쉽사리 보조금을 감축하지 못한다. 당장 식료품 가격이 상승할 것이라는 협박이 이들 업계로부터 일어날 것이고, 표를 먹고 사는 정치인들로서는 이를 의식하지 않을 수 없을 것이다.

대신 미국 정부가 보조금 지출을 줄이기 위한 방편으로 사용하는 정책은 잉여 농산물을 시장에서 차단하는 것이다. 여러 국제기구에서 막대한 영향력을 행사하고 있는 미국으로서는 가난한 나라에 자국 농산물을 활용해 원조 사업을 추진하는 것이 어렵지 않다. 미국의 잉여 농산물은 국제 식량원조기구의 예산으로 구입되어 가난한 나라에 보급된다. 결국 미국 정부는 이러한 식량원조 사업을 통해 자비로운 국가라는 이미지도 쌓고 자국 농산물의 수급 조절까지 하는 셈이다.

그뿐만 아니라 미국 정부는 농산물 수출에도 열을 올리고 있다.

해외로 수출되는 미국의 잉여 농산물은 생산비보다 낮은 가격에 거래되고 당연히 가격 경쟁력에서 우위를 점할 수밖에 없다. 따라서 국내 농산물과 미국산 농산물과의 공정한 경쟁을 위해서는 미국 정부가 보조금 지급을 중단하든가 아니면 그에 상응하는 관세를 물려야 할 것이다.

사실상 많은 보조금을 받고 있는 미국 농민과 상대적으로 보조가 거의 없는 우리 농민이 농산물 경쟁력을 논하기에는 이미 출발선이 너무 다르다. 이처럼 주요 수출국들이 보조금을 등에 업고 가격 경쟁력을 확보하고 있는데도 우리 정부는 단순히 생산성을 높이고 생산비를 절감해 주요 수출국과 경쟁해야 한다고 주장하고 있다. 우리 정부는 이러한 전후 사정은 생략한 채 불공정한 국제 표준(가격)에 맞추기 위한, 그리고 기업과 유통이 요구하는 규격에 다가가기 위한 노력을 농업인에게 주문하고 있는 것이다. 우리 농민들은 지금도 이러한 사정은 모른 채 정부의 말만 믿고 경쟁력을 확보하려 몸부림치고 있다.

수입 축산물의 가격 경쟁력 우위는 보조금이나 생산성뿐 아니라 기호의 차이에도 기인한다. 우리나라가 주로 수입하는 축산물은 특정 부위에 집중되는데, 소고기는 등심과 갈비, 내장과 사골, 머리 등의 부산물, 돼지고기는 삼겹살, 갈비, 감자탕용 등뼈와 내장과 머리 등의 부산물, 닭고기는 닭다리와 닭 날개 등이다. 이들 부위는 우리 국민이 선호하고 좋아하는 부위라 국내에서는 비싸게 팔리지만 주요 축산물 수출국인 미국이나 유럽연합에서는 잘 소비하지 않아 처치 곤란인 품목들이다.

서구에서는 기름기가 많은 고기를 선호하지 않아 기름이 상대적으로 덜 끼는 소의 채끝이나 안심을 최고의 스테이크용 부위로 사용하고 있으며, 최상급 부위는 우리의 한우 등심보다 더 비싸게 팔린다. 미국에서는 채끝과 안심을 제외한 대부분의 부위를 곱게 갈아 햄버거 패티로 사용하는데, 이를 우리나라로 수출하고 있는 것이다.

돼지의 삼겹살 역시 미국이나 유럽연합에서는 체중 조절의 적으로 인식하고 있으며, 베이컨으로 가공해 기름을 쏙 빼서 먹기는 하지만 거의 소비되지 않는 부위다. 머리나 내장, 뼈는 더 심각하다. 사실상 폐기물이나 마찬가지로, 일부 내장은 소시지 등의 원료로 쓰고 나머지는 개 사료의 원료 정도로 활용한다. 닭고기의 경우 미국은 부분육으로 분할해 판매하는데, 닭가슴살은 지방 함량이 적어 다이어트 식품으로 각광받지만 우리나라와 달리 닭다리나 닭날개는 인기가 없다.

다시 말해 수입 축산물의 가격이 낮은 것은 그들 국가에서 수요가 없기 때문이기도 하다. 비싸다는 한우도 사태나 우둔은 등심의 절반도 안 되는 가격에 판매되고 있고, 돼지고기도 뒷다리나 안심은 삼겹살의 절반 가격에 판매되고 있다.

　미국과 우리 농산물은 보조금 지원 여부, 축산물의 경우 선호 부위의 상이성에 따라 가격 경쟁력에서 차이를 보인다. 정부는 이러한 격차는 인정하지 않고 단순히 미국이나 유럽의 농축산물이 경쟁력이 있다고 단정하고서는 이를 극복하기 위해 공장식으로 농축산업을 바꿔 나가야 한다고 정책을 펼치고 있는 것이다.

생산성 향상과 생산비 절감에 대한 강박

우리나라는 세계 주요 축산물 수출국인 미국, 유럽연합과 잇따라 FTA를 타결했고, 또 다른 축산물 수출국인 호주, 뉴질랜드와의 FTA 협상도 막바지에 와 있다.

　우리 축산업계는 2005년을 전후해 축산 분야 의무자조금 사업이라는 것을 도입하여 농가와 정부가 1:1로 기금을 조성해 국내산 축산물에 대한 홍보와 마케팅에 활용해왔다. 여기에 1990년대 후반부터 공들여온 축산물 품질 고급화 노력이 결실을 맺어 2005년을 전후해 우리 축산물과 수입 축산물과의 품질 및 가격 차별화에 성공했다. 더불어 물류 시설의 선진화와 냉장냉동 기술의 발달 등을 통해 냉장신선육류에 대한 보존과 배송이 용이해지면서 우리 축산물은 가격을 제외한 품질, 이미지 등에서 수입 축산물을 따돌릴 수 있게 됐다.

우리 축산물이 품질과 신선도에서 우위를 점하고 있다는 점이 소비자들에게 강하게 인식되면서 더 높은 가격을 지불하면서도 우리 축산물을 애용하는 문화가 자리 잡았다. 이러한 분위기가 2000년경 실시된 축산물 시장 개방에도 불구하고 축산 기반이 유지될 수 있었던 비결이다. 또한 FTA 협상이 잇따라 타결되는 불안한 상황에서도 축산 농가가 자신감을 가지고 산업에 종사할 수 있는 기틀이 되고 있다.

하지만 2011년 구제역 등 악성 전염병의 발병과 그에 따른 소비 부진, 공급 과잉 등 여러 악재들로 가격이 폭락하고 국제 곡물 가격까지 폭등하면서 그러한 자신감은 서서히 사라지고 있다. 이러한 와중에 유럽연합, 미국과의 FTA가 잇따라 발효되면서 수입 축산물과의 경쟁에서 우위를 점하기 위해서는 생산성 향상과 생산비 절감이 필요하다는 담론이 힘을 얻고 있다. 한우의 경우 사육일수를 줄이는 방안이, 양돈의 경우 번식 후 새끼 돼지의 폐사를 최소화하고 출하두수를 늘리는 일이, 양계는 종계 생산성 향상과 사료 요구율을 높이는 일이 주요 과제로 제시됐다.

정부는 생산비 절감과 생산성 향상을 위한 과제를 발굴해 현장에 적용한다면 수입 축산물과의 가격 경쟁에서 승산이 있다고 장담한다. 그리고 생산성 향상을 위한 핵심 방안은 축사 시설의 현대화라고 결론 내리고, 미국 및 유럽연합과의 FTA 대응책으로서 시설 현대화 사업에 수조 원의 예산을 편성했다. 축산뿐 아니라 시설원예, 특수작물, 과수 등 여러 분야에서 시설 현대화는 개방에 따른 경쟁력 강화 대책으로 채택됐다. 분명 20~40퍼센트 수준의 관세가 사라지면 우리 축산물의 가격 경쟁력도 그만큼 사라지게 되어 있다.

만약 정부가 주도하고 있는 경쟁력 제고를 위한 생산비 절감 사업이 큰 성과 없이 끝난다면 어떻게 될까? 상대적으로 더욱 벌어진 수입 농산물과의 가격 차이 때문에 우리 축산물에 대한 소비자들의 충성도가 약해지고 우리 축산업의 존립 자체마저 어려워질 것이 뻔하다.

농축산업이 공장화되면서 이제 농축산업은 경쟁력 있는 국가나 기업만이 할 수 있는 것이 되고 말았다. 농업의 세계화 속에서 확실한 경쟁력 우위를 점하지 못한 나라들은 하루빨리 선진국 수준의 생산성을 확보해야 한다며 사활을 걸고 있다. 하지만 과연 그것이 올바른 방법일까?

한국농민연대 이준동 상임대표는 국내에서 처음으로 육계 부분 무항생제 사육을 실현하고 상품화했다. 이 대표는 우리 농업이 아무리 미국처럼 되고자 노력해도 가격 면에서 절대로 이길 수 없다며 우리 농업의 생존 전략은 미국과 반대로 가는 것이라고 주장한다. 미국의 대형 농장 그리고 수직계열화 업체 중심의 공장식 축산을 답습하는 방식으로는 결코 미국 같은 선진국을 따라 잡을 수 없고 미국 축산의 아류밖에 되지 못한다는 게 이 대표의 생각이다.

4장

하림,
한국형
수직계열화의
대표 주자

・・・

하림그룹의 본사가 있는 판교 농수산홈쇼핑의 김홍국 회장 집무실
에는 '글로벌 생산성 1위'라는 비전이 담긴 액자가 걸려 있다. 국내
에서 소비되는 닭고기와 돼지고기, 오리고기 등을 생산해 판매하는
회사가 글로벌 생산성 1위를 외쳐서 무엇할까 싶지만 WTO 출범,
FTA 등으로 축산물 시장이 개방되면서 우리 내수시장을 두고 외국
산 닭고기와 경쟁해야 하는 상황을 생각하면 수긍이 간다.

하림그룹은 조그만 시골 종계장에서 시작해 현재 국내 최대 닭고
기 회사인 하림을 비롯한 3개의 닭고기 회사, 1개의 오리 계열화 회
사, 4개의 사료 회사와 2개의 양돈 계열화 회사, TV홈쇼핑, SSM(기
업형 수퍼마켓), 농업금융회사, 동물 약품 회사, 육가공 회사 등 낙농
부분을 제외한 전 축산 부분의 생산과 자재, 종축, 농장, 가공, 유

...

통, 금융을 망라하는 종합 축산 그룹이자 국내 대표 농기업으로 성장했다.

하림은 자사의 축산 수직계열화 모델이 우리 농업의 표준 비즈니스 모델이 되고 있다고 선전하고 있으며, 실제로 수많은 경영체들이 하림식 수직계열화 사업을 본뜨고자 매진하고 있다. 하림그룹에 편입된 주원농산, 팜스코, 선진, 한강CM 등도 인수 당시 주인을 찾지 못해 거의 헐값으로 인수되다시피 했지만 하림식 경영 기법이 수혈되면서 단기간에 우량 회사로 거듭났다. 김 회장은 하림의 수직계열화 사업을 평가하며 축산물 가격 안정, 농가 소득 보장, 생산비 절감에 따른 수입 대체, 농축산물의 품질 및 위생 수준 향상 등을 통해 농업인의 경쟁력을 향상시키고 소비자에게 양질의 서비스를 제

···

공할 수 있게 되었다고 자부한다.

하지만 하림이 입에 침이 마르도록 자랑하는 수직계열화 사업은 국내 축산업을 발전시킨 여러 가지 긍정적인 측면도 있지만, 그 이면에는 우리가 생각하지 못한 부정적인 측면도 존재한다. 축산업의 공업화 그리고 농업인의 실종 등이 그것이다.

이 장에서는 하림이라는 거대 농축산 그룹의 급성장 뒤에 드리워진 어두운 그림자를 통해 우리 농업이 어떻게 공장화되었는지 구체적으로 살펴보고자 한다.

국내 최대 닭고기 회사 ㈜하림이 되기까지

과거 육계 산업은 각 산업군이 각기 영역을 구축하고 관련 산업군과 영향을 주고받으며 함께 성장했다. 닭고기 수요가 늘어나면 판매되는 배합사료의 양과 부화장에서 출하되는 병아리의 양도 늘어나는 구조였기 때문에 육계 산업과 관련 산업은 늘 동반 성장을 구가했다.

다만 육계 산업의 수직계열화가 이뤄지기 전에는 도축이라는 공정을 꼭 거치지는 않았다. 횟집에서 활어를 수족관에서 꺼내 즉석에서 회를 떠 판매하듯 닭고기도 시장에 작은 닭 우리를 만들어놓고 손님이 주문할 때마다 즉석에서 도축해 판매하는 형태가 일반적이었다. 그렇기 때문에 도축을 담당하는 도계장은 닭에 대한 수요 증가와 별반 상관관계가 없었다.

그러던 중 1980년대 중반 양념치킨이라는 외식 메뉴가 개발되고 1세대 치킨 프랜차이즈 업체인 멕시칸, 페리카나, 처갓집 등이 등장하면서 매장이 급속도로 늘어났다. 이제 생계를 매장에서 일일이 도축하는 방식으로는 필요한 닭고기를 조달할 수 없기에 손질이 모두 끝난 도계육이 필요하게 되었고, 그에 따라 전문 도계장의 역할이 커졌다. 이러한 상황과 하림의 치킨 수직계열화 사업 진출 시기가 맞아떨어지며 하림은 성장을 구가할 수 있었다.

1986년 아시안게임, 1988년 서울 올림픽 등 국가적 행사가 잡혀 있었고, 1987년 6월 항쟁 이후 민주화가 실현되면서 암울했던 투쟁의 역사가 막을 내리고 먹고 즐길 수 있는 사회 분위기가 조성되었다. 특히 노동자 대투쟁 이후 노동계의 임금 인상 및 복지 향상 요구가 받아들여지기 시작하면서 서민 경제도 급격히 발전해 육류 소비가 급속히 늘어날 수 있는 여건이 마련됐다. 이에 발맞추어 외식 메뉴이자 배달 메뉴인 닭고기의 인기가 하늘 높은 줄 모르고 치솟았다.

이러한 분위기 속에서 하림은 위탁 사육 방식을 통해 적은 비용으로 많은 물량을 확보하고, 1991년에 이미 하루 10만 수 이상을 처리할 수 있는 도계장, 원자재인 배합사료 공장, 부화장 등 관련 인프라 건설에 만전을 기하며 선두 업체로 나설 수 있었다. 그리고 1997년, 숙원 사업이었던 육가공 공장을 준공함으로써 육계 수직계열화 사업에 방점을 찍었다.

1997년 준공한 육가공 공장은 단순히 도계하고 닭고기를 작은 크기로 나누는 수준을 넘어 계육을 활용한 냉동식품, 캔 제품 등을 만드는 공장이다. 김홍국 회장이 젊은 시절 사업 부도 후 와신상담 하던 때에 돼지고기 가격은 폭락해도 햄이나 소시지 가격은 그대로인 것에서 착안해 1·2차 산업을 통합해낸 것이다. 하림의 홈페이지에 소개된 회사 연혁을 살펴보면 육가공 공장 준공일인 1997년 8월 30일을 하림의 육계 계열화 사업 완료일로 명시하고 있음을 알 수 있다.

육류 소비가 급격히 늘어나던 사회 분위기, 남들보다 먼저 실시한 발 빠른 투자 그리고 삼장통합[8]의 완성은 하림의 성공 요인이지만 그 이면에는 어두운 그림자가 드리워 있다. 하림의 고도성장과 소비자들의 좋은 평판에도 불구하고 축산업계와 양계업계 내에서 하림에 대한 평가는 좋지 못했다. 하림의 삼장통합 경영의 완성은 육계 사육 및 관련 산업의 구조조정을 전제로 한 것이었기 때문에 이에 반대하는 각 산업 종사자들의 거센 저항이 하림에 대해 안 좋은 이미지를 갖게 했을 것이다.

하림에 대한 부정적 판단의 근거가 동일 산업 종사자들과의 갈등뿐이었더라면 쉽게 무마할 수도 있었겠지만, 사실 그보다 더 크고 근본적인 이유가 있었다. 하림의 성공은 정부의 자금 지원과 제도 개편 등 직간접적 지원과도 맞물려 있는데, 양계업계는 전체 농가들의 경쟁력 제고를 위해 사용되어야 할 정부의 양계 분야 정책 자금을 하림이 사실상 독식해왔다는 것을 꾸준히 문제 삼아 왔다.

타 축종의 경우 하림과 같은 농기업에 대한 지원 규모가 크지 않

•••• **8** 국내 축산업의 경쟁력 확보를 위해 농장과 후방산업(사료와 부화), 전방산업(도축 및 유통)을 하나로 묶어야 한다는 이론.

아 대부분의 정책 자금이 농장의 시설 현대화에 투입돼 농업인의 경쟁력 강화에 크게 기여했다. 그러나 양계, 그중에서도 육계 부분은 정부의 투융자 사업 대부분이 육계 계열화 업체에 집중되면서 하림과 같은 거대 기업의 탄생으로 이어졌다. 반면에 육계 농장은 시설 현대화가 늦어져 아직도 비닐하우스로 지어진 육계 양계장이 절반에 이를 정도다. 농가 지원이 늦어지는데 자연히 생산성이 좋아질 리가 없었고, 육계 사육 농가들의 삶은 상대적으로 더욱 악화될 수밖에 없었다. 시설에 투자할 자금력이 있는 상위 농가들은 생산성을 높게 유지하며 많은 돈을 벌고 있지만 대다수의 농가들은 생존 수준의 소득만을 겨우겨우 벌고 있어 타 축종과 비교할 때 농가 간 양극화도 극심한 상황이다.

축산 계열화 업체에 대한 정책 자금 지원 실적   단위 : 백만 원

축종	지원 금액	업체 수	비 고
양돈 계열화	321,003	17개소	
육계 계열화	169,790	14개소	하림 지원 금액 113,788 전체 지원금의 67.01%(2010년 국감 자료)
오리 계열화	6,506	4개소	
합계	497,299	35개소	

* 1990~2011년 3월, 축산발전기금, 농협중앙회 대출 건에 한함
* 농림수산식품부 정보공개 자료

정부의 정책 지원으로 성장의 발판을 마련한 하림

2001년 하림은 국내 최대 닭고기 회사를 넘어 하림그룹의 출범을 선포하며 김홍국 하림 사장이 그룹 회장으로 취임했다. 2001년이 면 우리나라가 외환 위기를 겨우 통과한 직후인데, 대체 그사이 어떤 일이 있었기에 하림이 여러 회사를 거느린 그룹사로 변화하게 된 것일까?

IMF로부터 구제 금융을 받아 가까스로 위기를 넘긴 우리나라는 IMF가 요구하는 각종 신자유주의 정책을 수용할 수밖에 없었다. IMF가 요구한 긴축재정과 높은 이자율 때문에 당시 많은 기업이 차입금에 대한 높은 이자를 견디지 못하고 부도나면서 헐값 매물이 시장에 쏟아져 나왔다. 온 나라가 경제 위기에 허덕이며 절체절명의 시기를 헤쳐 나오던 당시에 하림은 정부로부터 200억 원의 정책 자금을 지원받아 급한 불을 끈 후 이를 발판으로 IFC[9]로부터 대규모 외자 유치까지 받으며 탄탄대로의 성공 신화를 이어갔다.

----

9 세계은행 산하 국제금융공사International Finance Corporation. IFC는 국제부흥개발은 행IBRD, 국제개발협회IDA 등과 더불어 '세계은행 그룹'을 이루고 있는 금융기관으로 1956년 7월 설립돼 개발도상국의 민간 부문 발전과 민간 자본의 국제적 이동을 촉진함으로써 세계은행의 활동을 지원하고 있다. IBRD가 정부 보증을 통해 대출 사업만 하고 있는 것과 달리 IFC는 대출과 자본 투자를 하며 정부 보증이 필요 없다는 것이 큰 특징이다.

하림이 정부로부터 지원받은 200억 원은 자사와 거래하고 있는 종계 사육 농가들이 사료비가 없어 모두 도산하게 생겼다며 종계 농장의 사료비 지원 명목으로 받은 것이다. 하지만 당시 하림의 시장 점유율은 10퍼센트 내외로, 정부는 나머지 90퍼센트의 종계 사육 농가는 제쳐두고 하림을 살리기 위해 팔을 걷어붙인 것이었다. 눈 먼 정부 돈은 로비 잘하는 사람, 목소리 큰 사람이 가져간다는 속설처럼 당시 정부의 자금은 국내 수많은 농기업 중 유일하게 하림만이 수령해갔다. 그 덕에 위기를 넘긴 하림은 이후 하림그룹의 핵심 계열사인 제일곡산, 제일사료 등 사료 회사를 인수하며 닭고기 계열화 업체를 넘어 점차 종합 축산 그룹으로의 모양새를 갖추어갔다.

일본 닭고기 시장 진출을 명분으로 대형 닭 전용 도계장의 필요성을 역설해온 하림은 양계 농가 및 경쟁 계열화 업체들의 반대에도 불구하고 상주에 도계장을 준공하고 '하림천하'라는 하림그룹 내 또 다른 닭고기 수직계열화 업체를 설립했다. 하림천하는 이후 사명을 '하림C&F'로 변경했다가 2006년 또다시 '올품'으로 바꾸고 현재 하림에 이어 도계 점유율 2위를 차지하고 있다.

올품의 안착은 호남에 집중되어 있는 사업 영역을 전국으로 확대하는 계기가 되었다. 특히 경북 지역에는 올품 상주 도계장과 대구의 키토 도계장 이외에는 닭 도축 및 가공 시설이 없기 때문에 물량 확보 및 사업 확장이 용이했다. 이후 경기도 화성의 한강CM을 인수함으로써 호남, 영남, 경기까지 사육 기반을 확대하고, 조류독감 발병 등 여러 리스크를 분산할 수 있게 되었다. 2010년에는 2007년 부도 이후 가동이 중단된 신명 도계장과 배합사료 공장을 채권단으로부터 매입하고, 2011년에는 미국 내 19위의 닭고기 수직계열화 업체인 알렌패밀리푸드Allen Family Foods를 인수해 미국 닭고기 시장에도 진출하였다.

양계 분야뿐만 아니라 하림은 2002년 황금알을 낳는 거위라 불리는 농수산홈쇼핑 사업자로 선정되면서 유통 분야로도 사세를 계속 확장해나갔다. 농수산홈쇼핑은 롯데, GS, CJ 등 이른바 유통 대기업들이 운영하는 홈쇼핑 채널보다 사업 물량은 많지 않지만 높은 수익률을 기록하며 하림그룹 자본 축적의 첨병이 됐고, 2000년대 중반 양돈 계열화 사업 진출에 결정적 역할을 하게 된다.

미국과의 FTA 협상이 타결된 2007년, 하림은 양돈 계열화 및 배합사료 업체인 선진과 대상그룹의 팜스코를 잇따라 인수하며 양돈업에 진출했다. 닭고기와 오리고기 등 가금 부분에 집중됐던 축산 계열화 사업을 양돈으로까지 확대한 것이다.

하림의 양돈업 진출은 양돈업계의 강한 반발을 샀다. 1980년대 삼성그룹의 양돈업 철수를 이끌어냈던 양돈협회 등 양돈 생산자들은 거대 자본을 보유한 하림이 양돈업에 진출할 경우 자본력에서 상대가 되지 않는 일반 농가들이 경쟁에서 뒤처져 피해를 보게 된다며 강하게 반발했다. 양돈 농가들은 하림과 육계 농가와의 갈등 그리고 그로 인한 육계 농가의 궁핍한 삶 등을 들며 하림을 압박했고, 2008년 10월 김홍국 회장은 국정감사 증인으로 출석하여 이에 대해 해명해야 했다.

김 회장은 양돈협회 지도부와 잇따라 만나 양돈업 진출에 대한 자신의 소신을 밝혔고, 논산에 첨단 양돈장을 건설하여 낙후된 양돈 산업에 도움이 되겠다며 양돈업에 진출할 뜻을 굽히지 않았다. 하림그룹은 선진과 팜스코 인수 이후 가금 부분 수직계열화 사업의 노하우를 양돈 사업에도 접목시켜 양사 모두 그룹 내 핵심 계열사로 자리매김하게 됐다. 특히 양계 부분 생산자 단체인 양계협회와 십수 년째 극한 대립을 보이고 있는 것과 달리 하림그룹은 양돈 생산자 단체인 한돈협회와는 우호적인 관계를 유지하며 초기에 업계와 빚었던 갈등을 잘 봉합·관리하고 있다.

현재 하림그룹은 닭고기 계열사만 3개로 약 40퍼센트 가까운 시장 점유율을 보이고 있다. 축산업 및 축산 관련 업종 중 단일 품목 시장 점유율이 30퍼센트가 넘는 곳은 낙농 및 유가공 사업의 서울우유협동조합뿐이다. 서울우유는 서울·경기·인천이라는 시장 기반 및 안정적 생산 기반으로 오랜 세월 시장 지배자 역할을 해왔다. 하지만 하림은 1986년 그야말로 무에서 회사를 설립하여 1991년에 근소한 차이기는 하나 시장 점유율 1위를 차지했으며, 20여 년 만에 시장 점유율 30퍼센트를 돌파하며 시장 지배자 위치에 올라서는 놀라운 성장세를 보여줬다.

육계 농가는 왜 하림 밑으로 모였을까

하림은 삼장통합이라는 사업 모델을 실제 우리 축산 현장에 뿌리내리게 한 기업이다. 단일 농장이나 회사로서는 이루기 힘든 규모의 경제를 위탁 사육 방식을 통해 실현하며 한 명의 사업자가 600여 개의 농장을 실질적으로 경영하는 사업 모델을 완성시켰다.

특정 가공업체와 계약을 맺고 공급하는 방식은 육계 부분 이전에 낙농업에서 먼저 실시되었다. 유가공 기업들은 직거래하는 농가와 계약을 맺고 낙농 목장에서 생산된 원유를 전량 구매한다. 얼핏 겉모습만 보았을 때는 낙농 목장과 유가공 업체와의 거래 방법이나 육계 농장과 육계 계열화 업체와의 거래 방법이 유사해 보이지만 여기에는 분명한 차이가 있다.

육계 사육 농가는 축사와 자신의 노동력만을 보유하고 있을 뿐 핵심 원자재는 구매하지 않는다. 반면에 낙농가는 농장과 생산 기술, 노동력, 배합사료 그리고 원유 생산을 위한 가축까지 모두 농가가 갖추고 원유를 유가공 업체에 판매하는 형태다. 이렇게 말하면 모든 원자재를 구매해야 하는 낙농가보다 육계 위탁 사육 농가가 더 유리한 듯 보이지만, 그 구조를 뜯어보면 농가가 아닌 하림이라는 업체가 더 유리하다는 것을 알 수 있다.

과거에는 병아리와 사료를 구매해 닭을 사육하고 이를 판매해 받은 정산금으로 원자재 값을 지불하는 식으로 농장을 운영했다. 문제는 닭고기 가격이 원자재 구입비 밑으로 떨어지는 경우 하루아침에 빚더미에 올라앉을 수도 있다는 것이다. 결국 가격 보장이 되지 않는 상황에서 닭을 키우다 보니 공급 과잉과 부족 상황이 1년에도 몇 차례씩 발생하면서 육계업은 투기사업으로 변질됐고, 어느 순간에는 큰돈을 벌지만 어느 순간에는 큰 손실을 보는 상황이 반복됐다.

이러한 가운데 하림이 육계 생산비의 대부분을 차지하는 배합사료(59퍼센트)와 병아리(29퍼센트)를 공급하고[10] 생산된 닭을 하림에 출하할 것을 약정하는 계약 방식을 제안했다. 농가는 닭고기 시세와 상관없이 적정 수수료를 지급받는 조건이었기 때문에 원자재 가격과 닭고기 가격 역전에서 오는 위험 부담을 피할 수 있다는 이야기에 매력을 느꼈다. 다만 닭고기 가격이 올랐을 때는 과거처럼 큰 수익을 보지 못하기 때문에 불만이기도 했지만 매년 한두 차례 발

•••• **10** 2010년 축산물 생산비 조사 결과(통계청 보도자료, 2011년 5월 30일)

생하는 가격 폭락기를 넘길 수 있었기 때문에 농가들은 단독 사육을 접고 하림의 비즈니스 모델에 합류하기 시작했다.

이러한 위탁 사육 방식을 고안해낸 김홍국 하림 사장은 농장의 매입이나 건설 없이도 여러 개의 농장을 자신이 경영하는 것처럼 움직일 수 있었다. 특히 시세와 상관없이 고정된 가격에 안정적으로 필요한 물량의 닭을 확보할 수 있었기 때문에 하림의 성장 속도는 매우 빨랐다. 만약 하림이 위탁 사육을 통해 닭을 구입하지 않고 시장에서 생계를 매입했다면 널뛰는 닭고기 가격에 회사는 금방 도산하고 말았을 것이다.

또한 닭고기 수요가 7~8월과 12월에 집중되기 때문에 단순히 농가가 생산한 닭을 약정해 매입하는 방식이었다면 비수기 물량 조절에 어려움을 겪을 수밖에 없었을 것이다. 하지만 사료와 병아리 공급 권한이 농가가 아닌 하림에 있었기 때문에 하림은 성수기에 농장 입식을 늘리고 비수기에는 입식을 줄이는 방식으로 어느 정도 물량을 조절할 수 있었다. 특히 농가로부터는 원가 수준에 닭을 넘겨받아 성수기에는 적정 마진을 넘어서는 시세 차익까지 챙길 수 있었기 때문에 양계 농가는 늘 생존에 급급한 수준을 벗어나지 못한 반면 하림은 쑥쑥 커나갈 수 있었다.

어쨌든 이러한 사업 모델은 성공을 거둬 단독 사육을 하던 농장 대부분이 계열화 사업에 참여하고 있다. 하림은 현재 600여 농장과 위탁 사육 계약을 맺고 연간 1억 2,000만 수 정도를 사육하며 주요 소매점과 외식업계에 닭고기를 공급하고 있다.

명분은 수입 닭 견제

농림부(2008년 이명박 정권 출범과 함께 농림수산식품부로 확대 개편되었다가 2013년 농림축산식품부로 개편됨)는 2006년 7월부터 닭고기 포장 유통을 의무화한다고 발표했다. 현재는 대형마트 같은 소매점에 진열된 닭고기들이 비닐 봉투나 플라스틱 용기에 통닭 또는 절단육, 부분육의 형태로 담겨 있는 것이 일반적이지만, 2006년 7월 이전까지만 하더라도 닭고기는 포장되지 않은 형태로 진열돼 있었다. 당시 소비자들은 포장이 안 된 채로 진열대에 쌓여 있는 닭고기 중 제일 커 보이거나 가장 신선해 보이는 것을 선택했고, 필요에 따라 즉석에서 손질을 요구했다. 오랫동안 닭고기는 이런 식으로 판매돼왔는데 정부가 법으로 닭고기를 포장해서 유통하도록 정한 것이다.

닭고기 포장유통 제도가 도입된 원인은 2000년으로 거슬러 올라간다. 당시 외식 시장에서는 춘천 닭갈비가 대유행이었다. 먹자골목에는 한 집 걸러 닭갈비집이 있을 정도로 많은 점포가 문을 열었고 집집마다 닭갈비에 소주를 곁들이는 사람들로 문전성시를 이뤘다. 닭갈비는 뼈를 제거한 닭고기 정육만을 가지고 조리하는데, 문제는 이 정육이 국내산 닭고기가 아니라 수입 닭다리에서 살코기만 발라낸 것이었다는 점이다. 당시 국내산 닭고기의 점유율은 80퍼센트 정도였는데, 춘천 닭갈비의 인기로 미국과 브라질 등지에서 엄청난 양의 닭다리가 수입되면서 국내산 닭고기 점유율을 5퍼센트, 10퍼센트씩 빼앗아가기 시작했다. 하림이 위기를 느낄 만한 상황이 도래한 것이다.

그래서 하림에서 생각해낸 방법이 닭고기를 판매할 때 무조건 포장을 하는 것이었다. 포장되지 않은 닭은 국내산인지 수입인지 구분이 가지 않았고, 또 하림 닭인지 마니커 닭인지도 구분이 되지 않았다. 포장을 하고 포장지에 원산지와 제조업체를 표기하면 닭고기의 원산지가 분명하게 드러나므로 수입 닭을 국내산으로 둔갑해 판매하는 것을 방지하고 제조업체들도 국내산 닭고기 판촉에 더욱 집중할 수 있으리라 판단한 것이다.

그런데 수입 닭고기의 무분별한 국내 시장 진입을 막아보자고 도입한 이 제도는 엉뚱하게도 한 회사에 커다란 혜택을 주었다. 1990년대부터 하림이라는 닭고기 브랜드를 홍보해온 하림과 달리 다른 계열화 업체는 거의 홍보를 하지 않았다. 닭고기 포장유통 의무화가 시작되자 TV와 라디오 등을 통해 홍보를 계속해온 하림은 높은 인지도 덕분에 소비자들이 즐겨 찾았다. 다른 업체들도 부랴부라 브랜드를 출시하고 이름 알리기에 나섰지만 이미 때는 늦었다.

포장유통이 의무화되자 또 다른 문제가 생겨났다. 포장이라는 공정이 생겨나고 그에 따른 추가 비용이 발생한 것이다. 포장지 제조 비용과 포장 비용, 포장 전에 닭을 토막 내는 비용도 추가되었다. 포장유통 의무화로 하림이 판매 신장과 브랜드 프리미엄까지 누리고 있을 때 다른 경쟁 업체들은 추가된 비용을 어떻게 소비자에게 전가시킬 것인가를 고민하게 됐다. 포장유통이 막 도입되던 시기에 닭고기 시장은 과잉 생산인 데다가 고병원성 조류독감 발병으로 소비까지 위축되어 하림의 경쟁 업체들을 위협했고 결국 두 개 업체가 도산하고 말았다.

당초 포장유통 의무화라는 규제를 도입한 이유는 수입 닭고기와의 차별화였지만 결국 하림이 의도했건 의도하지 않았건 간에 닭고기 회사 간 브랜드 경쟁으로 이어졌고 결국 산업이 구조조정 되는 방향으로 흘러갔다. 이 구조조정 과정에서 수많은 육계 사육 농가들이 하루아침에 거래처를 잃어버렸다. 게다가 거래처로부터 받아야 하는 수백억 원대의 사육 보수까지 받지 못하게 되면서 몇 배의 고통을 겪어야 했다.

이러한 시장의 구조조정으로 하림은 경쟁 업체의 시장을 자연스럽게 잠식했고 거래 농가도 더 확보할 수 있었다. 당시 호남 지역 육계 사육 농가들은 하림과 또 다른 경쟁 업체를 비교하며 더 좋은 조건을 제시하는 업체와 거래했다. 그런데 경쟁 업체가 도산하면서 하림이 아니면 닭을 키울 수 없을 정도로 종속돼버렸다.

실제로 육계 계열화 사업에 참여하는 농가와 회사는 협력 관계에 있지만 갈등도 많다. 원자재를 회사가 제조 또는 확보해 공급하기 때문에 이 원자재의 품질에 따라 농가의 소득이 좌우된다. 과거 농가가 부화장이나 사료 회사에서 원자재를 직접 구매했을 때는 원자재에 문제가 있다면 손해 배상을 청구하거나 불량 자재를 공급했던 회사와 거래를 끊고 다른 회사의 제품을 사용했다. 하지만 계열화 회사에 종속된 이후로는 상황이 달라졌다. 직접 구매하지 않고 공급받은 것을 써야 하기 때문에 원자재 품질에 문제를 제기하기가 쉽지 않다. 어느새 원자재의 구매 주체는 농가가 아닌 계열화 업체로 바뀌었고, 농가는 주어진 재료를 활용해 제품을 생산하는 노동자와 같은 신세로 전락하게 된 것이다.

한때 여러 계열화 업체가 경쟁하고 농가 수가 상대적으로 적었을 때는 농가 확보 경쟁 덕에 농가들이 보다 유리한 조건으로 계약을 맺을 수 있었지만, 닭고기 계열화 업체들이 대형화되고 군소 계열화 업체들이 인수 합병 등 구조조정의 길을 걸은 이후에는 상황이 역전됐다. 상황을 잘 파악하지 못하고 원자재에 대한 불만을 지속적으로 제기하고 집단행동을 주도했던 농가 중 상당수가 계열화 업체의 블랙리스트에 올라 어떤 회사와도 계약하지 못하는 일이 실제로 벌어지기도 했다.

우유 회사와 닭고기 회사의 차이

농가가 생산한 원자재를 납품하는 방식은 우유 회사나 닭고기 회사나 유사하다. 우유는 매일 생산되지만 유통기한이 짧고 가공과 포장을 하지 않으면 절대 제품이 될 수 없는 원자재 농산물의 특성을 띠므로 유가공 회사와 농가가 계약을 맺고 원유 납품과 구매 계약을 체결한다. 한번 맺어진 계약은 별다른 계약 사항 불이행이 없는 한 계속 유지되고, 유가공 업체는 15일마다 원유의 품질과 수량에 따라 유대를 지급한다.

　닭고기도 이와 비슷해 연간 5~6회 입식을 하는 육계 농가는 계열 주체와 계약을 맺고 생산한 닭을 납품한다. 차이점이 있다면 낙농가는 원유 생산을 위해 필요한 가축과 배합사료 등을 농가가 직접 구매하고 보유하지만 육계 사육 농가는 필요 원자재를 계열 주체가 보유하고 제공한다는 데 있다. 낙농가도 유대 수입에서 사료비와 가축 구입비 등을 뺀 나머지 금액만이 자기 소득이고, 육계 농가도 자가 노동비와 축사 임대료 등이 수수료 형태로 지급되기 때문에 마찬가지인 것처럼 보이지만 앞에서 언급했던 것처럼 원자재의 구매

권한을 누가 가지고 있느냐에 따라 농가의 상황은 크게 달라진다.

낙농가는 최대 수익을 올리기 위해 가장 좋은 원자재 또는 가장 저렴한 원자재 중 선택할 수 있고 비용과 수익성을 조절해가며 농장을 경영할 수 있다. 하지만 육계 농장주는 입식과 출하는 물론이고 품질이 높은 원자재를 쓸 것인지 경제성이 있는 원자재를 쓸 것인지에 대한 결정권도 없다. 낙농 목장주가 경영자라면 육계 농장주는 노동자인 셈이다. 육계 농가는 그저 회사가 공급하는 원자재로 회사가 원하는 스펙의 제품만을 생산하는 것이다.

낙농 목장과 육계 농장이 처한 상황을 조금 더 비교해보자. 닭고기 회사와 유가공 회사 모두 원자재의 납품과 구매를 위해 농가와 관계를 맺고 있지만 이들 회사가 농가를 대하는 방식은 크게 다르다. 유가공 회사는 낙농 목장으로부터 적당한 품질의 원유를 안정적으로 공급받는 것을 중요하게 여긴다. 농가의 원유 생산비에는 크게 관심이 없다. 필요한 물량과 품질만 맞춰주면 그만이다. 유가공 회사가 원유 가격을 책정하지 않고 공적 기구가 고시하기 때문에 유가공 업체의 노력으로 원유 구매 가격이 달라지지는 않는다. 유가공 업체는 농가를 상대로 원유의 품질 관리에만 집중하고 나머지 열정을 신제품 개발과 마케팅에 쏟는다. 구매단가를 낮출 수 없기 때문에 소비자들에게 더 좋은 상품으로 어필해 수익을 올리는 방식으로 사업을 확장해나가는 것이다.

이와 달리 닭고기 회사는 육계 농장의 닭고기 품질뿐만 아니라 닭고기 생산비에도 높은 관심을 보인다. 원자재를 회사가 제공하기 때문에 생산비가 오른다는 것은 곧 회사가 물어야 하는 비용도 높아진다는 것이기 때문이다. 닭고기 회사는 어떤 식으로든 생산비를 낮추기 위해 노력하고, 다양한 프로그램을 만들어 자신이 원하는 비용 수준까지 농가가 생산비를 낮출 수 있도록 노력한다. 이 과정에서 닭고기 회사는 농가가 대규모 투자를 하도록 교묘하게 유도하고 투자에 따른 과실은 회사가 더 챙기는 식이 되고 만다.

이처럼 닭고기 회사들은 많은 비용이 들어가는 소비자 지향의 제품 개발이나 마케팅에 힘을 쏟기보다는 농가를 상대로 원가를 절감하는 데 힘을 기울인다. 닭 계열화 사업이 도입된 지 30년 가까이 됐는데도 딱히 생각나는 닭고기 제품이 없을 정도로 닭고기 회사들은 닭 가공품 개발보다는 원가 수준에서 거래되는 통닭 판매에 열중하고 있다.

시판되는 유가공품은 제품군별로 수많은 제품이 경쟁하고 있다. 발효유의 경우 한국야쿠르트의 '윌'과 '쿠퍼스', 빙그레유업의 '요플레', 남양유업의 '불가리스', 서울우유의 '요하임' 등이 각자 차별화된 제품 콘셉트와 포장으로 소비자들의 뇌리에 강하게 남아 있다. 이외에 치즈, 가공유 등도 여러 제품이 출시되어 경쟁 중이다. 하지만 닭고기 가공품은 하림의 '용가리치킨' 말고는 소비자들이 기억

하고 있는 제품이 거의 없다시피 한 상황이다.

원가 수준에서 거래되는 닭고기 시장에서 살아남으려면 소비자들이 비싼 값을 지불해도 아깝지 않다고 느낄 만한 가공품을 개발해야 한다. 하지만 여기에 돈을 쓰는 닭고기 회사는 별로 없고, 농가들을 괴롭히는 농장 부분의 생산비 절감 방식으로 이익의 상당 부분을 창출해내고 있다.

투자는 농가가 열매는 회사가

농민이 닭을 키우는 비용을 줄였다면 절감된 비용은 누구에게 돌아가야 할까? 비용 절감을 위한 노력이나 투자를 한 농민에게 돌아가야 하는 것이 당연하지만 육계 계열화 업체, 그중에서도 하림과 거래하는 농가의 경우는 그렇지 못하다.

닭의 생산비를 줄이는 방법은 여러 가지가 있다. 우선 가장 큰 비용이 드는 사료를 덜 먹이고도 목표했던 체중을 갖도록 하는 것이다. 또 많은 비용이 드는 병아리 구입비를 줄이고, 닭을 사육하며 폐사가 덜 일어나도록 하는 것이다. 평균적인 성적을 내는 농가보다 닭이 덜 먹고도 죽지 않고 빨리 클 수 있게 한다면 당연히 비용을 절감할 수 있을 것이다.

이를 위해 농장 단위에서 할 수 있는 일은 질병이 잘 발병하지 않도록 방역과 위생을 철저히 하고 적당한 온도와 습도를 유지하며 환기를 적절히 함으로써 최상의 사육 환경을 제공하는 것이다. 계사 안의 온도가 적정선 이하로 떨어지면 체온 유지를 위해 필요한 에너지가 많아지기 때문에 사료 섭취량은 늘고 살은 덜 찐다. 반대로 온도가 높으면 사료를 잘 섭취하지 않아 사육 기간이 필요 이상으로 길어져 추가 비용이 발생한다.

어차피 원자재인 배합사료와 병아리는 회사가 제공하는 것만 써야 하기 때문에 더 좋은 품질의 사료를 사용하거나 더 건강한 병아리를 구입하는 등 원자재 구매 단계에서 농가가 할 수 있는 것은 없다. 농가는 오로지 사육 부분에서 최선을 다해야 한다.

닭에게 최상의 사육 환경을 제공하기 위해서는 두 가지 방법이 있다. 첫째는 소독약 살포와 같은 방역 활동에 만전을 기하는 것이다. 노동력을 최대한 활용해 환기를 시키고, 온도와 습도를 맞춰주는 활동을 통해 생산성을 높일 수 있다. 둘째는 최신 설비의 완전 자동형 무창계사를 건립하는 것이다. 이 최신 계사는 온도와 습도 등의 모든 관리를 컴퓨터가 설정된 값에 따라 자동으로 조절하여 사료 섭취량을 최소화한다. 또한 암모니아 가스 농도 등을 센서가 측정해 자동으로 환기까지 해주어 닭에게 최적의 환경을 제공하므로 닭이 잘 자란다. 문제는 비용인데, 8만 수를 한 번에 키울 수 있는 계사를 건립하는 데 10억 원 가까운 비용이 든다.

그런데 이렇게 노력해서 절감한 비용을 농가는 잘 챙길 수 있을까? 그렇지 못하다. 하림은 농가의 사육 성적에 따라 사육비를 차등 지급하는 인센티브 제도를 운영 중이다. 이를 사료 요구율과 수율로 표기하는데, 사료 요구율은 닭고기 1킬로그램을 생산하는 데 들어간 배합사료의 양이다. 수율은 제공한 병아리 숫자와 출하된 마리 수를 비교해 폐사가 얼마나 일어났는지를 측정하는 데 사용하는데, 폐사가 덜 일어날수록 닭고기 생산량이 늘어나기 때문에 기본적으로 총출하한 닭의 무게와 사료 요구율을 가지고서 지수를 만들고 인센티브를 제공한다.

문제는 하림이 이 지수를 절대평가가 아니라 상대평가로 매긴다는 데 있다. 절대평가와 달리 상대평가는 기준이 정해져 있지 않기 때문에 농가로선 불리할 수밖에 없다. 상대평가는 특정 기간 동안 출하한 농가들의 점수를 합산해 해당 기간 동안 출하한 농가들을 여러 군으로 나눠 인센티브를 제공하기 때문에 자기가 출하한 시기에 농가들의 성적이 좋으면 높은 사육지수를 나타내고도 인센티브를 못 받을 수 있다. 사육 성적이 좋지 못한 농가가 노동력을 더 많이 투입하거나 계사를 새로 짓는 등의 투자를 하여 사육 성적이 나아지면 마땅히 인센티브를 받아야 하지만, 다른 농가들도 노동력 투입량과 투자를 늘릴 경우 기준 점수 자체가 높아지기 때문에 상대평가 제도 속에서는 오히려 이전보다 인센티브가 줄어들 수도 있다.

상대평가 속에서 농가들이 노력을 하면 할수록 비용은 많이 절감되지만 그럴 때마다 기준 점수가 높아져 하림 전체 농가들로 봤을 때 사육비 증가는 없는 제로섬 게임이 되는 것이다. 농가들 사이에 인센티브 금액의 변동은 있을 수 있지만 하림이 농가에 지급하는 전체 인센티브 지급액은 동일하다는 것이다. 결국 농가들이 비용 절감을 통해 더 많은 인센티브를 챙기려 실시한 투자의 과실은 고스란히 계열 주체의 몫이 되는 것이다.

하지만 농가들은 이를 제대로 인지하지 못한다. 사육 성적이 이렇게 높은데 왜 인센티브가 이것밖에 안 나오느냐고 농가가 항의하면 계열 주체는 높아진 기준을 보여주며 당신 등수가 이 정도이기 때문이라고 설명해주면 그만인 것이다.

단독 사육을 하는 농가나 계열화 사업에 참여하더라도 절대평가 제도를 운영 중인 회사와 거래하는 농가의 경우 생산비 절감은 자기와의 경쟁이다. 내가 지난번 출하했을 때보다 더 잘 키우면 돈을 더 벌게 되는 것이다. 반면에 상대평가를 하는 하림과 거래하는 농가의 경우 생산비 절감은 자기와의 경쟁인 동시에 다른 사육 농가와의 경쟁이다. 닭을 키우는 다른 농가들보다 더 잘 키워야 한다. 인근 농가가 최신 설비를 했다 하면 긴장해야 한다. 닭 사육의 노하우를 주변 농가에 밝히는 것도 꺼린다. 다른 농가와 경쟁해서 이겨야만 살아남을 수 있기 때문이다. 국내 어떤 품목에도 없는 이상한 경쟁이 닭 사육 농가들 사이에서 벌어지고 있는 것이다.

국내 닭 계열화 업체 중 상대평가를 하는 곳은 하림과 체리부로이다. 나머지 계열 주체들은 모두 절대평가를 시행하고 있다. 아이러니하게도 비슷한 시기 창업한 수많은 닭 계열화 업체 중 하림이 가장 크게 성장했다. 또한 유독 하림과 거래하는 농가 중에 수억 원하는 으리으리한 계사를 보유한 농가가 많다. 과연 그들은 알고 있을까? 내가 수억 원의 빚을 내 건설한 계사를 통해 발생하는 추가 수익이 하림으로 쏠려 들어가고 있다는 것을.

하림식 농업 비즈니스 모델에 반기를 들다

하림은 국내 농축산 부분을 통틀어 최초로 원자재─생산─가공─유통 전 분야를 하나의 사업 주체가 경영하는 수직계열화 모델을 성공시켰다. 닭 계열화 사업의 성공을 바탕으로 시골의 작은 도계장에 불과했던 하림은 2000년대 들어 제일사료 등 배합사료 공장을 인수하고 농수산홈쇼핑의 사업자로 선정되면서 성장 가도를 달렸다.

이러한 하림의 성공 신화에 자극 받은 다른 주자들은 하림식 수직계열화 모델을 답습해나갔다. 체리부로, 마니커, 동우 등이 비교적 후발 주자로 건실하게 성장을 이어왔고, 경쟁에서 밀려난 업체들은 이들 선발 업체에 인수 합병되거나 도산하는 등 구조조정이 이뤄졌다.

협동조합과 기업 중심의 수직계열화 사업이 공존하는 다른 축산 부분과 달리 육계 부분은 유독 협동조합이 힘을 발휘하지 못하고 있다. 유제품의 경우 서울우유협동조합이 시장 지배자로서 산업을 선도하고 있고, 양돈은 도드람양돈농협과 부경양돈농협 등이, 달걀은 한국양계농협이, 한우는 지역 축협 및 조합공동사업법인 등이 중심이 된 조합 브랜드 경영체가 시장에서 강세를 나타내고 있지만, 육계 부분은 농협중앙회 농협목우촌의 계육 가공 사업 부분만이 간신히 명맥을 유지하고 있을 뿐이다. 게다가 농협목우촌은 무늬만 협동조합이지 실제 사업 방식은 하림의 계열화 사업과 별반 차이가 없어 육계 농가들의 원성을 사고 있기도 하다.

유독 육계 부분에서 협동조합의 역할이 미미하다 보니 단독 사육 농가나 조합을 통해 닭을 출하하는 농가는 거의 찾아볼 수 없다. 더욱이 하림과 같은 계열화 업체를 통하지 않고서는 닭을 도축하거나 판매할 수 있는 길이 막혀 있다. 육계를 사육하려면 먼저 어떤 계열화 업체와 거래할 수 있을는지부터 고민해야 하는 상황이다.

하림의 성공이 단순히 위탁 사육 방식과 수직계열화 사업을 성공

시킨 김홍국 회장의 사업 수완 덕분일까? 하림의 성공 이면에는 정부와 정치권의 보이지 않는 힘이 있었다. 하림의 급성장에 가장 큰 역할을 한 것은 우루과이라운드 협상 이후 정부의 전폭적인 지원이 었다. 정부는 수입 개방에 대비하기 위한 수직계열화 사업체로 하림을 지목하며 전폭적으로 지원했다.

또한 육계가 도계장에서 도축되도록 강제한 축산물위생처리법의 개정을 통해 하림의 성장을 도왔다. 1990년대 중반까지만 하더라도 닭을 도축하는 데는 아무런 제약이 없었다. 축산물위생처리법이 개정되기 이전인 1990년대까지는 도축장에서 도계된 닭고기보다 살아 있는 닭 상태로 더 많이 거래되었는데, 이러한 유통 방식은 닭 계열화 업체에게 눈엣가시와 같았다. 이후 도축장에서의 도축이 의무화되면서 살아 있는 닭을 유통하던 대형 유통 상인들은 하나둘 시장에서 자취를 감추기 시작했다. 지금은 토종닭을 유통하는 극소수의 업자들만이 남아 있을 뿐, 사실상 육계 유통 시장은 계열 주체의 도계육 유통 시장으로 완전히 변모했다.

문제는 이들 유통 상인들이 시장을 떠나면서 육계 사육 농가들의 선택권이 사라졌다는 것이다. 과거에는 단독 사육을 하더라도 유통 상인들에게 전화만 하면 언제든지 닭을 팔 수 있었는데, 이제는 유통 채널이 없어져버렸기 때문에 계열 주체와 거래 조건이 맞지 않거나 계열 주체의 계약 거부 등으로 단독 사육을 결심해도 닭을 출하할 곳이 마땅치 않다.

병아리를 구매하는 것도 쉽지 않게 되었다. 대부분의 종계 사육 농가(소비되는 육계의 부모 닭을 사육하는 농가)가 생산된 종란을 대형 부화장을 소유한 하림과 같은 계열 주체에 넘기고 있다. 20여 곳의 개별 부화업자들도 대부분의 물량을 계열화 업체에 판매하고 있어 닭을 키우고 싶어도 병아리를 구하지 못해 키우지 못하는 상황이 연출되고 있다.

계열화 업체들이 닭 사육을 위해 꼭 필요한 원자재 시장을 장악하고 생산된 닭의 유통 부분까지 장악하면서 계열 주체와 농가의 관계는 점차 갑과 을의 관계가 되어갔다. 이에 대한 농가의 불만이 쌓여갔고, 계열 주체에 반기를 드는 농가가 하나둘 늘어나기 시작했다.

초창기에는 회사가 제공하는 원자재 품질에 대해 불만을 표하는 정도였지만, 2000년대 들어서는 계열 주체와의 계약 관계 자체에 이의를 제기하는 수준으로 발전했다. 양계 사육 농가들은 농가의 의무와 회사의 의무를 따지고 계약이 불공정하다 싶으면 관련 협회나 농림부, 공정거래위원회 같은 정부 기관에 질의하기 시작했다. 특정 사안에 이의가 있으면 우선 계열 주체들이 소속돼 있는 한국 계육협회에 협상을 요청하고, 협상 요청도 정부에 낸 탄원서도 먹혀들지 않으면 언론에 부당함을 알리기도 했다.

닭고기의 생산과 유통이 수직계열화라는 하나의 방식으로 획일화되자 여러 문제가 우후죽순처럼 터져 나왔고, 사태의 심각성을 파악했는지 국회와 정부도 점차 농가의 목소리에 귀를 기울이기 시작했다. 이로 인해 계열 주체와 농가가 공정한 거래를 할 수 있도록 계열화관련법이 제정되었다. 공정거래위원회에서는 계열 주체가 일방적으로 작성해왔던 계약서를 수집 조사해 표준약관을 만드는 작업을 하고 있다.

여기서 더 나아가 육계 농가들이 계열 주체의 눈치를 보지 않고 닭을 키울 수 있도록 농민 중심의 계열화 사업을 추진할 대한육계축산업협동조합이 창립되기도 했다. 육계 계열화 사업이 도입된 지 20여 년 만에 비로소 새로운 사업 구도가 형성되고 있는 것이다.

5장

공장식
농축산이
안전을
위협하다

···

하림이라는 닭고기 회사의 성장 과정은 자본이 농업에 어떻게 유입되고 농업의 주체인 농민을 어떻게 지배하는지 보여주는 좋은 사례다.

선진화, 전문화라는 이름으로 농업은 경종농업과 축산업으로 분화되더니 이후 경종농업은 식량과 원예로, 또 원예는 수많은 품목으로 전문화의 길을 걷게 됐다. 축산 부분도 한우, 낙농, 양돈, 산란계, 육계, 오리 등 품목별로 분화되면서 한 품목에만 집중하는 단작이 현대 농업의 주류가 되고 말았다.

자본의 지배와 농업의 공장화는 단위당 생산성을 높이고 노동력을 최대한 적게 투입하는 방향으로 농업을 이끌어갔으며, 이로 인한 부작용은 현대인의 식품 문화를 바꿔놓는 시발점이 되었다.

육류 소비의 증가

보릿고개가 점차 사라지기 시작한 1970년을 전후해 우리 사회는 급속한 산업화에 따른 이농 현상이 두드러졌다. 농촌 인구가 대거 도시로 이동하면서 농가당 경작 면적은 늘어났고, 도시에 인구가 집중되면서 과거처럼 생존을 위해 농사를 지어 식량을 자급하는 게 아니라 식료품을 구입해 먹는 것이 일반화되었다. 자급농은 거의 자취를 감추고 판매를 목적으로 하는 상업농이 주류를 이뤘으며, 이들이 생산한 농산물을 도시민들이 식료품 가게를 통해 구매하기 시작했다.

농업과 농촌에 대한 투자가 공업과 도시에 대한 투자에 비해 미미해지면서 식량 자급률은 계속 하락했지만, 공업 부분의 발전을 통해 획득한 부로 미국, 캐나다, 호주, 브라질, 중국 등 대규모 식량 수출국들로부터 값싼 농산물을 사다 먹기 시작했다. 특히 1987년 6월 항쟁과 노동자 대투쟁의 성과로 도시 근로자의 임금이 과거와 비교할 수 없을 정도로 상승했고, 넉넉해진 생활로 인해 먹거리를 대하는 태도도 점차 맛과 멋을 중시하는 쪽으로 변화하기 시작했다.

1980년대 후반부터는 축산물 소비도 눈에 띄게 증가했다. 지금은 대중 음식으로 자리 잡은 삼겹살과 프라이드치킨이 등장한 것도 이

무렵이다. 고기 수요가 급속히 늘어나다 보니 부족한 공급량을 충당하기 위해 고기를 수입하기 시작했다. 값비싼 한우를 대신해 미국으로부터 갈비와 등심 등 값싼 구이용 소고기가 수입되었고, 물량이 달리는 삼겹살 역시 수입되었다.

우리 국민의 고기 사랑은 여기서 그치지 않았다. 서구에서는 사료로나 사용되는 소와 돼지의 머리, 막창, 대창 등 내장과 처리에 어려움을 겪는 부위인 사골과 꼬리, 돼지의 등뼈까지 마구 수입했다. 서구 축산 선진국들에게 한국은 그야말로 축산물 수출의 블루오션이었다. 과거 쌀 한 톨조차 귀하던 시절에 고기는 구경조차 하기 힘든 음식이었지만, 산업화와 도시화로 이제는 누구나 쉽게 접할 수 있는 음식이 되었다. 그러다 보니 그동안 맛보지 못한 고기에 대한 사랑은 식을 줄을 몰랐다.

소득 증가에 따른 축산물 소비 붐을 기반으로 1980년대 후반부터 1990년대 후반까지 10여 년의 기간 동안 축산업은 급격히 규모화 되었다. 축산물에 대한 수요 증가는 축산물의 수입량을 크게 늘려놓았고, 여기에 발 맞춰 우리 축산물의 생산량도 급속도로 증가했다. 부업 수준의 축산 농장은 전업 규모로, 그리고 전업 규모의 농장들은 기업 규모로 커나가기 시작한 것이다. 당시 우리 축산업은 생산하는 족족 다 팔려나갈 정도로 호황기를 누렸다.

하지만 산업이 급성장하다 보니 생산되는 축산물의 안전성은 농산물과 마찬가지로 매우 취약할 수밖에 없었다. 통일벼의 보급으로 이미 우리 농업에서는 화학 비료와 농약 사용이 일반화되었다. 축산 부분도 열악한 축사 환경에 사육 밀도가 높아지면서 크고 작은 질병이 만연하게 되자 이를 예방하기 위해 항생제를 사용했는데, 그 사용량이 심각한 수준까지 다다랐다.

하지만 1990년대에는 이러한 것이 큰 문제가 되지 않았다. 외국에서 수입하는 고기가 어떤 환경에서 사육되고 어떻게 운송되는지에 대해 도통 관심이 없었고, 국내 농장에서 사육되는 소와 돼지가 어떤 환경에서 무엇을 먹고 크는지 알 필요도 없었다. 도축장과 육가공장에서 어떤 위생 기준하에 가공이 이뤄지는지 알려고 하지 않았다. 적당한 가격에 맛있는 고기를 즐길 수 있고 사시사철 언제든지 풍요롭게 맛볼 수 있다는 것 하나만으로 모든 게 용인되는 분위기였다.

어쨌든 생존을 위해 먹던 시기가 지나고 먹는 즐거움을 중시하는 식문화가 급속도로 퍼지게 되었는데, 이는 새로운 농업 시스템이 만들어졌기에 가능했다. 그것은 자급을 위한 식량 생산이 아닌 팔기 위한 농산물 생산 시스템이었다. 먹기 위해서가 아니라 팔기 위해 농사를 짓는 시대가 된 것이다. 이 시기 농장은 보다 싸게, 보다 많이 생산하기 위해 노력을 기울였다. 이를 위해 농장의 규모를 키웠고, 덩달아 배합사료 회사와 동물 약품 회사 등도 성장했다.

이처럼 효율성만을 중시하는 농업 형태, 판매만을 목적으로 하는 농식품 산업은 농장과 식탁의 거리를 갈수록 멀어지게 했다. 그러다 보니 미국의 밀과 옥수수는 물론, 필리핀의 바나나와 파인애플, 칠레의 돼지고기, 브라질의 닭고기, 뉴질랜드의 조제분유 등 좀 더 싸고 맛있는 식품이라면 거리낌 없이 수입했다.

시간이 갈수록 소비자는 좀 더 싸고 맛있는 식품을 찾았고, 공급자는 소비자의 요구에 부응하기 위해 분주했다. 농장에서 무슨 일이 일어나는지 도시민은 알 수 없고, 자신이 생산한 농산물을 누가 먹을지 농민은 알 수 없었다. 이러한 거리감은 식품 안전에 대한 불감증으로 이어지며 서서히 그 부작용이 나타나기 시작했다.

도매시장의 종말과 대형 소매 유통업체의 등장

'좀 더 싸게, 좀 더 많이, 좀 더 빠르게'는 현대 농업의 특징이자 발전 방향이기도 하다. 이는 다양한 기술의 집약으로 가능했다.

대규모 농지에 단일 품목만 심는 단작화가 성행하게 된 것은 농업을 기계화하기 위해서였다. 축산 농장은 올인 올아웃all-in all-out이라는 개념을 도입하여 출생일이 비슷한 병아리나 돼지를 한날 입식해 한날 출하하는 방식이 대세를 이루게 되었다. 최대한 노동력을 줄이고 사육의 편의성을 높이기 위한 이러한 노력은 농산물 생산성을 획기적으로 개선했다. 그 결과 늘 부족하기만 했던 농산물이 풍족해지게 되었다.

그리하여 모두가 좀 더 싸게, 많이, 빠르게 생산할 수 있는 시스템 개발에 더욱 매진하게 되었다. 즉, 자연의 순리에 따라 씨를 뿌리고 느긋하게 수확을 기다리는 게 아니라 '좀 더 싸게, 많이, 빠르게'라는 구호에 맞춰 농민도 축산 농가도 유통업자도 소비자도 모두 기계처럼 움직이고 사고하게 되었다. 그 대표적인 예가 대형 소매 유통업체의 등장이다.

대형 소매 유통업체들은 경쟁사보다 신선한 제품을 좀 더 싸게 팔기 위해서 과거 유통 상인과 거래하던 것에서 벗어나 규모가 있는 농가와 포전거래(밭떼기)를 하거나 산지 농협과 계약해 물량을 확보한다. 또한 직거래 농장을 지정 운영하여 직접 유통함으로써 물류비를 절감하고 필요한 물량을 확보할 수 있는 시스템을 갖추고 있다. 농장과의 단순한 직거래를 넘어 직영 농장, 전용 농장 등 좀 더 높은 수준의 직거래를 시도하기도 하는데, 직영 농장과 전용 농장은 토지 및 시설 이용료, 자재비 등을 100퍼센트 선지급하고 생산된 농산물을 전량 자사 유통망을 통해 출하하는 방식이다.

농민 입장에서는 여러 단계를 거치는 기존 출하 방식보다 가격도 높이 쳐주고 안정적인 대형 소매 유통업체와의 거래를 선호하기 마련이다. 더욱이 출하해도 어디로 흘러가는지 알 수 없던 과거의 출하 방식에 비해 소비자에게 곧바로 다가가는 대형 소매 유통업체로의 출하는 농민들의 자부심까지 높여준다.

롯데마트는 직영 농장과 전용 농장 제도를 통해 산지 농장을 실질적으로 운영하고 있고, 이마트는 대규모 농장을 건설하여 농민들을 고용해 직접 농사를 짓겠다고 나서고 있다. 도매시장을 넘어서는 대형 소매 유통의 바잉파워가 이제 산지를 직접 지배하는 시대가 된 것이다.

대형 소매 유통업체들의 노력이 농산물의 품질을 높이고 가격을 낮춘다는 데 이의를 제기할 사람은 없을 것이다. 하지만 농업의 특수성을 감안할 때 대형 소매 유통업체의 이러한 움직임은 농업의 공장화를 더욱 부추길 뿐 아니라 식품 안전성에도 심각한 문제를 초래한다.

규모의 경제가 가능한 대형 소매 유통업체들이 포전거래와 계약재배, 직영 농장 등을 통해 낮은 가격에 농산물을 공급받고 판매하기 시작하면서 기존의 유통 경로로 출하하는 나머지 농산물들은 가격 인하 압박을 받을 수밖에 없다. 결국 나머지 농장들도 기존의 출하 방식을 포기하고 대형 소매 유통업체를 비롯한 여러 최종 수요자들과의 직거래에 나설 수밖에 없게 된다.

이러한 유통 환경의 변화는 도매시장의 거래 물량 감소에서 시작해 결국에는 기존 유통 채널의 붕괴로 이어지면서 농산물 가격 결정권을 공적인 시장 기구에서 사적인 기업으로 넘겨주게 된다. 또한 기존의 유통 채널이 무너진 이후에는 경쟁관계에 있는 다른 대형 소매 유통점보다 더 저렴하게 공급해야 한다는 강박 때문에 농장과 농업인에 대한 기업의 간섭이 더욱 심해지게 된다.

경쟁이 심해지면 심해질수록 생산성 향상과 비용 절감을 위한 노력은 점점 치열해지고, 비용을 줄이기 위해 몸부림치면 칠수록 정도를 벗어나는 일들이 생길 수밖에 없다. 무리하게 생산성을 향상시키기 위해 화학 투입재를 지나치게 사용하거나 저질 농자재를 사용하고, 안전성이 불확실한 유전자 변형GMO 작물을 재배하는 등의 무리수가 농업 현장에서 잇따라 발생하였다.

생산성 향상을 위한 농업의 기업화와 지나친 효율성 위주의 농업은 결국 대형 소매 유통업체들의 횡포로 농업인에게 돌아갈 이윤이 줄어들고 노동자에게 저임금이 강요되는 결과를 낳고 말았다. 실례로 영국의 최대 대형 소매 유통업체인 테스코TESCO[11]는 우유 가격을 직접 결정할 정도다. 다른 농산물과 달리 우유는 가공을 꼭 거쳐야 하는데 국내 대형 할인점들의 PB상품private brand products은 국내 유가공 업체들과 계약을 맺고 제품을 생산하지만, 테스코는 낙농가들

•••• **11** 테스코는 국내에서 삼성과 합작하여 '홈플러스'라는 브랜드로 영업 중이다.

과 납유 계약을 체결하고 직접 집유 사업까지 하고 있다. 이를 바탕으로 테스코는 우유 1리터를 45펜스(약 800원)에 판매할 수 있게 됐는데, 테스코에서 판매하는 생수 중에는 리터당 88펜스짜리 제품도 있어 우유를 물보다 싸게 판다는 농민들의 원성이 자자하다.

이처럼 영국에서 소매 유통 부분을 완전히 장악해버린 테스코가 까다로운 유제품까지 직접 생산하니 일반 유가공 업체들은 가격 인상을 엄두도 못 내게 되었고, 낙농가들은 생산비를 밑도는 가격으로 원유를 납품해야 하는 상황에 처하게 되었다. 영국에서는 테스코와 거래하지 못하는 상당수의 낙농가들이 수익 악화를 겪어 매년 수백 개의 목장이 문을 닫고 있는 실정이다.

국내에서도 대형 소매 유통업체 중심으로 소매시장이 재편되면서 재래시장이나 중소 슈퍼마켓을 주요 거래처로 삼고 있는 도매시장 내 중도매인들의 거래처가 줄어들고, 중도매인들이 하나둘 구조조정 되면서 도매시장에서 소화할 수 있는 농산물의 양도 줄어들게 되었다. 이러다 한계점에 다다르게 되면 농산물의 수집과 분산 그리고 가격 결정이라는 도매시장 본연의 기능을 점차 상실하게 되고, 농산물이 조금이라도 더 들어오거나 덜 들어와도 가격이 폭락하거나 폭등하면서 도매시장의 존재 이유가 사라지게 된다. 그리고 언제라도 출하하면 판매가 가능했던 도매시장이라는 경로가 사라지면 농민들은 자신의 농산물을 사줄 거래처를 찾기 위해 더 많은 비용을 지불해야만 한다.

공장식 농축산물의 취약한 식품 안전성

2010년 8월, 미국은 5억 5,000만 개라는 엄청난 양의 달걀을 긴급 리콜했다. 미국 내 최대 달걀 산지인 아이오와 주의 라이트카운티 양계장과 힐렌데일 양계장이 생산한 각각 3억 8,000만 개와 1억 7,000만 개의 달걀에 대해 자발적 리콜을 실시한 것이다. 2010년 5~7월 살모넬라균에 의한 식중독 환자가 미국 전역에서 전년에 비해 1,300여 명이나 늘어나 질병통제예방센터가 역학조사를 실시했는데, 그 결과 양계장의 달걀에서 살모넬라균이 발견되었기 때문이다.

살모넬라균은 오염된 가축의 사체나 분변과의 접촉을 통해 감염되며, 보통 수액 보충만으로도 회복이 가능하나 면역력이 약한 사람이나 영유아, 노인의 경우 고열을 동반한 설사 등의 증상을 보이다 수일 내로 사망할 수도 있는 강력한 식중독균이다. 미국의 대규모 달걀 리콜 사태는 현대 농업, 즉 공장화된 축산업이 얼마나 식품 안전성에 취약한가를 보여주는 단적인 사례다.

규모화로 인해 달걀은 10년 전이나 지금이나 가격 차이가 크지 않다. 이는 미국을 포함한 주요 선진국이나 우리나라도 마찬가지다. 소비자 물가 상승분을 감안하면 오히려 가격이 낮아졌다고 볼 수도 있다. 이것은 규모화의 힘이자 단위당 생산성을 높이기 위한 노력의 결과물이다.

미국은 200여 개의 양계장에서 2억 8,000만 마리의 닭을 사육하고 있으며, 한 달에 63억~64억 개의 달걀을 생산하고 있다. 농장당 140만 수를 사육하는 것으로 각 농장서 하루 110만 개 내외의 달걀을 생산하고 있는 셈이다. 1980년대 후반까지만 하더라도 미국의 양계장은 2,000곳이 넘었다고 한다. 이후 꾸준히 규모화가 이뤄지고 중소 농장들이 문을 닫으면서 지금과 같은 엄청난 규모의 대형 농장만이 살아남게 된 것이다.

문제는 하나의 농장이 대도시 전체에 매일 달걀을 공급할 수 있을 정도로 많은 달걀을 생산하다 보니 위험성 또한 그만큼 크다는 것이다. 아이오와 주의 라이트카운티 양계장과 힐렌데일 양계장 단 두 곳에서의 살모넬라균 오염으로 수천만 명이 위험에 노출된 사례에서 볼 수 있듯이 양계장이 커지고 출하되는 달걀 수가 많아지고 공급되는 지역이 넓어질수록 그 위험성은 계속 증가할 수밖에 없다. 동일한 사료를 먹고, 동일한 사육 환경에서 자라고, 동일한 장소에서 포장이 이뤄지기 때문에 살모넬라균과 같은 위험 요소에 노출되면 동일 공정을 거치는 달걀 전체가 위험해질 수밖에 없다.

대규모 달걀 리콜 사태는 미국에서만 일어난 문제가 아니다. 독일에서는 다이옥신에 오염된 달걀과 돼지고기, 닭고기가 유통되어 큰 문제가 된 바 있다. 다이옥신은 무색, 무취의 맹독성 화학 물질로, 주로 쓰레기 소각장 같은 곳에서 발생하는 환경호르몬이다. 인류가 만들어낸 가장 위험한 독성 물질로 분류되기도 한다. 다이옥신은 화학적으로 안정돼 있어 분해되거나 다른 물질과 쉽게 결합되지 않아 자연적으로 사라지지 않는 대신 기름에는 잘 녹아 인체에 흡수되면 지방세포 내에 축적되어 여러 질병을 유발한다.

다이옥신의 주요 흡수 경로는 다음과 같다. 쓰레기 소각장에서 만들어진 다이옥신이 대기 중에 떠돌다가 비와 함께 땅으로 떨어지면 물과 토양이 오염된다. 이렇게 오염된 토양에서 자란 채소나 풀에 다이옥신이 축적되고, 오염된 채소나 풀을 먹고 자란 가축을 사람이 먹으면 다이옥신이 사람 몸속으로 들어오게 된다. 보통 다이옥신은 음식물을 통해 섭취되는데 소고기, 돼지고기, 닭고기, 우유 등 축산 식품이 주요 오염 물질 유입원이다.

그런데 산업화된 축산, 공업화된 축산에서는 이러한 일이 수없이 일어날 수밖에 없다. 지금은 전문 배합사료 공장에서 만들어진 사료로 가축을 키우기 때문에 배합사료에 오염원이 들어 있을 경우 해당 가축의 건강이나 생산된 축산물의 안전성은 크게 흔들릴 수밖에 없다. 더욱이 규모의 경제를 실현하여 사료 가격을 낮추려는 노력이 더해질 때마다 단일 공장의 크기는 커지게 된다. 그렇게 되면 여러 공장을 하나의 회사가 운영하면서 같은 원료, 같은 제조법으로 사료를 만들기 때문에 잘못된 원료가 사용될 경우 그 파장은 상상을 초월하게 된다.

독일에서 발생한 사건도 독일의 한 배합사료 공장에서 지방산 재료로 사용된 사료 원료가 다이옥신에 오염되면서 시작됐다. 이 원료를 사용해 만든 배합사료는 기준치를 훨씬 초과하는 다이옥신을 함유하게 되었고, 결국 이를 먹은 닭과 돼지는 체내에 다량의 다이옥신을 축적하게 된 것이다. 그리고 다이옥신에 오염된 사료를 먹은 산란계는 오염된 달걀을 낳았다. 이렇듯 가격을 낮추겠다며 시도된 규모화는 순식간에 식탁의 안전을 위협하는 강력한 폭탄이 될 수밖에 없다.

그런데 더 큰 문제는 다이옥신에 오염된 독일 달걀이 네덜란드로 수출되면서 국경을 넘었다는 데 있다. 만약 이 달걀이 과자나 아이스크림, 제빵 원료로 사용되어 불특정 다수에게 판매됐더라면 그 피해는 상상조차 어려울 만큼 심각한 상황으로 치달을 수도 있었다. 세계화되고 자유무역이 늘어날수록 위험 물질에 오염된 식료품과 농축산물의 위해 범위는 국경을 넘어 더욱 넓어지게 된다.

국내에도 여러 차례 이와 유사한 일들이 있었다. 한국은 세계 삼겹살의 블랙홀이다. 기름기가 몰려 있는 삼겹살은 영양 공급 과다로 체중 조절에 어려움을 겪고 있는 서구 사회에서는 기피 식품이지만, 국내에서는 없어서 못 먹는 부위다. 그러다 보니 지구 반대편에 있는 칠레를 시작으로 캐나다, 미국, 프랑스, 헝가리, 벨기에, 네덜란드, 덴마크 등 돼지를 많이 사육하는 나라마다 한국에 삼겹살을 수출하기 위해 치열한 경쟁을 벌인다. 심지어 삼겹살을 대규모로 수입해줘 자국 양돈업계의 불황 탈출을 도왔다며 주한 스위스대사가 축협중앙회장에게 감사패를 전달했을 정도다.

이렇게 많은 양의 삼겹살을 수입하다 보니 식품 안전 사고도 빈발하다. 덴마크, 벨기에 등에서 수입된 냉동 돈육에서 다이옥신이 몇 차례 검출되기도 했다. 긴급 리콜을 실시하고 폐기 처분하는 등 부산을 떨었지만 이미 상당량이 국민들의 뱃속으로 들어간 직후였다. 수입 농축산물의 안전성 문제가 발생할 때마다 큰 혼란을 야기하지만 여전히 가격 경쟁력에서 앞선 수입 삼겹살은 국내에서 엄청나게 팔리고 있다.

공장식 축산에 대한 경고, 광우병

1995년경 영국에서 처음 발병한 광우병은 광우병에 걸린 소를 장기간 먹은 사람에게도 발병하는 것으로 드러나면서 전 세계에 엄청난 충격을 주었다. 광우병은 소의 뇌가 스펀지처럼 변형되는 뇌질환으로 바이러스보다 작은 프리온 단백질이 뇌에 축적되어 발생한다. 광우병에 걸린 소는 뇌에 구멍이 생겨 갑자기 미친 듯이 포악해지고 정신이상과 거동 불안 등의 증상을 보인다. 광우병 발병으로 영국은 1996년 소고기 판매를 중지했고, 유럽 여러 국가도 영국산 소고기에 대해 수입 금지 조치를 내린 바 있다.

영국은 1970년대에 식용 가축을 위한 영양 표준을 만들어 배합 사료 제조 등에 활용해왔다. 영국의 사양 표준feeding standard은 미국과 유럽을 넘어 아시아에서도 축산업이 발전한 한국과 일본 등 여러 나라에서 사용돼왔고, 각국의 사양 표준 제정에 크게 기여할 정도로 사양 표준의 바이블로 여겨졌다.

그러던 중 1980년대 초, 영국 축산업계는 가축 생산성을 높이는 방안으로 초식동물인 소에게 동물성 단백질 급여를 시작했다. 소나 돼지의 모든 부위를 소비하는 한국과 달리 대부분의 나라는 살코기만 식용으로 사용하기 때문에 뼈나 내장 등 여러 부위를 폐기 처분해야 하는 부담이 컸다. 특히 소고기 소비가 많은 영미권에서는 이 부산물 처리 비용을 절감해야만 육류를 저렴하게 공급할 수 있었다. 그래서 생각해낸 것이 버려지는 육류를 단미사료(배합사료의 원료)로 만들어 개, 닭, 돼지 등 잡식성 가축의 배합사료에 단백질원으로 사용하는 방안이었다.

2012년 5월 서울 여의도 국회의사당 앞에서 열린
광우병 미국산 쇠고기 수입 중단 촉구 기자회견.

영국은 여기서 한 발 더 나아가 도축 및 육가공 과정에서 나오는 내장과 머리, 뼈 등을 활용해 만든 육골분을 초식동물용 배합사료에 첨가해 소에게 먹이기 시작했다. 영국의 축산학계는 배합사료에 육골분을 첨가하면 소의 체중 증가가 빨라지고 사료 효율도 좋아진다는 연구 결과를 잇달아 발표했고 영국 정부도 이를 용인했다. 그리고 얼마 지나지 않아 광우병이라는 신종 가축 질병이 발생한 것이다. 육류 소비에 대한 탐욕과 경제성에 대한 욕심이 더해져 골칫거리 부산물의 손쉬운 처리를 기도했던 이러한 비윤리적 행위는 신의 창조 섭리를 거스르면 인간이 어떤 대가를 치르게 되는지를 뼈아프게 느끼게 한 대표적 사례가 되었다.

자본이 지배하는 농업과 축산업에서는 안전성보다 비용 절감을 우선시하는 경향이 크기 때문에 작은 비용 절감에도 민감하게 반응한다. 예컨대 소 한 마리 사육에 1,000원의 비용 절감 효과가 있는 기술이 있다고 치자. 이때 1년에 100마리를 출하하는 농장은 1년에 10만 원 더 벌자고 별짓을 다 한다며 이 기술을 수용하지 않겠지만, 100마리를 출하하는 농장 1,000군데와 거래하는 사료 공장은 1억 원의 추가 이익이 발생하기 때문에 소에게 소를 먹이는 잔인한 기술을 적용하는 데 주저하지 않을 수 있다.

농축산에 규모의 논리, 경쟁력 지상주의가 판을 치면 칠수록 환경과 인간의 생명에 악영향을 주는 여러 신물질을 땅을 뿌리고 가축에게 급여하는 일을 망설임 없이 자행하게 된다. 이처럼 돈 되는 일이라면 물불 가리지 않고 달려드는 기업들 그리고 이를 묵인하고 권장하는 정부로 인해 국민들은 광우병 소고기를 먹고 자신도 언젠가는 광우병에 걸리지 않을까 하는 공포에 떨어야 한다.

공장식 축산으로 대량 생산된 고기가 전 세계로 유통되면서 바다 건너 다른 나라에서 일어난 먹거리 안전성 문제가 더 이상 남의 일이 아니게 되었다. 이명박 정권 초기의 촛불시위는 이러한 비윤리적 사육 환경에서 생산된 소고기의 무차별 수입에 대한 국민의 저항이었다. 이명박 전 대통령은 미국 순방길에 오르기 직전 한미 FTA의 조기 비준을 위해 미국이 요구하는 소고기 검역 조건을 모두 받아주라고 지시했다. 국민 건강을 담보로 한 이 전 대통령의 통 큰 제안은 국민 안전을 최우선으로 생각하며 협상을 벌여왔던 공직자들을 허탈하게 만들었다. 그런데도 한 술 더 떠 미국서 돌아오는 비행기에서 이제 자신 때문에 "질 좋은 미국산 소고기를 국민들이 저렴한 가격에 즐길 수 있게 됐다"며 자화자찬하다 국민의 커다란 저항에 부딪혔다. 농장의 규모화, 원자재 공장의 규모화는 당장 눈에 보이는 금전적 이익을 농가나 소비자에게 가져다줄 수 있다. 하지만 장기적으로는 식품 안전성을 훼손하고, 위험 요소의 집적으로 한순간에 커다란 대가를 치러야 할 수도 있으므로 이에 대한 근본적 대비책이 강구되어야 할 것이다.

식품 안전 불감증

좀 더 싸게, 많이, 빠르게 공급된 음식은 결국 잘못된 식습관을 불러일으켰고 비만, 암, 당뇨 등 각종 성인병을 초래했다. 그리고 그로인해 과거 생존을 위해 먹을 것을 찾던 시절보다 더 큰 사회적 비용이 발생하고 있다. 현대인이 겪는 각종 질환의 주요한 원인이 환경오염과 잘못된 식습관, 안전성이 결여된 식품 시스템과 농법이라는 것이 차츰 밝혀지고 있지만 아직 식품을 대하는 소비자들의 태도는 크게 달라지지 않았다.

1989년의 공업용 우지牛脂 파동은 우리 국민에게 식품 안전에 대한 경각심을 일깨운 일대 사건이었다. 1989년 11월 3일 검찰은 삼양식품, 하인즈, 오뚜기, 삼립유지 등 유명 식품 회사들이 비누나 윤활유의 원료로 쓰이는 공업용 수입 소기름을 사용해 라면, 마가린, 쇼트닝 등을 만들어 판매해오다 적발됐다고 발표했다.[12] 당시 검찰의 발표는 국내 주요 언론 1면에 대서특필됐고 온 국민은 공황 상태에 빠졌다. 이 사건으로 당시 삼양식품 서정호 부회장을 비롯해 삼립유지 계응환 사장, 오뚜기 함태호 사장 등이 구속되는 등 커다란 파장이 일었다. 특히 1960년 라면 생산 이후 업계 수위를 고수하던

•••• **12** '유명 식품 회사 공업용 우지 사용', 《경향신문》 1989년 11월 4일 자 1면.

삼양식품은 회사가 부도 직전까지 가는 어려움에 빠졌다. 결국 공업용 우지 파동은 수사 결과 해당 우지의 영문 표기에 대한 해석 오류로 판명됐지만 삼양식품은 현재까지도 당시의 상처에서 완전히 벗어나지 못하고 있다. 이 공업용 우지 파동은 소비자들이 점차 식품 안전에 눈을 뜨게 되는 계기가 되었다. 이 사건을 계기로 민주화 이후 점차 힘을 얻기 시작한 소비자단체와 시민단체는 식품 산업의 어두운 단면을 세상에 알리고 국내 농산물의 생산, 유통, 가공 및 식품 산업을 감시하며 식품 위생과 안전성을 선진국 수준으로 끌어올리는 데 큰 역할을 하기 시작했다.

두 번째로 큰 이슈가 된 사건은 고름 우유 파동이다. 1995년 10월 파스퇴르유업은 자사 원유는 체세포가 거의 없는 깨끗한 우유인 반면 타사 원유는 체세포 관리조차 하지 않는 저급 우유라고 묘사하는 성명서 형식의 광고를 주요 일간지에 실어 커다란 파장을 불러일으켰다.

이후 파스퇴르유업과 유가공협회 소속 우유 업체 간 치열한 공방이 언론을 통해 이어졌고 우유 소비가 급감하는 사태로 전개되었다. 이들 업체 간 공방을 통해 유질에 대한 학계 자료, 체세포 고름 우유 논란에 대한 정보 등 원유 생산과 관련된 각종 정보가 소비자들에게 제공됐다. 고름 우유 논란은 이후 원유의 질을 높이는 다양한 방안을 이끌어냈고, 원유 가격 산정 시 체세포 수에 따른 인센티브 제도가 도입되는 등 우유의 질이 대폭 향상되는 계기가 됐다.

이외에도 육류와 유제품의 항생제 잔류 문제, '납 꽃게', '기생충 알 김치', '말라카이트 장어', CJ푸드 단체 급식소 식중독 사태 등 굵직한 사고들이 연속으로 터져 소비자들이 건강한 식품 생산에 대한 감시와 여론 조성에 관심을 기울이는 계기가 되었다.

국내에서 발생하는 식품 사고는 식품의 산업화에 기인한다. 우리나라도 농산물을 집에서 직접 조리해 먹던 시대에서 점차 식품 기업의 역할이 커지는 시대로 접어들었다. 삼양사, 삼양식품, 오뚜기, CJ, 농심, 대상 등의 기업들은 밀가루나 설탕, 조미료 등을 주력으로 생산하다 이들을 조합한 라면, 통조림, 햄, 즉석 식품류 등을 생산 판매하며 부가가치를 높이기 시작했다. 여성의 사회 진출이 늘어나면서 반가공 식품이나 즉석 식품류의 활용 빈도가 높아진 것도 이들 식품 기업 성장의 배경이 되었다.

문제는 이들 식품 기업이 대형화될수록, 또 소비자의 이용이 늘어날수록 식품 사고가 발생할 경우 그 파급 효과가 더 커질 수밖에 없다는 것이다. 미국의 대형 양계장에서 살모넬라균에 감염된 달걀이 미국 전역으로 공급되면서 식중독 환자가 늘어나고 사망자까지 발생한 것처럼 만일 대형 식품 회사의 식품 공장에서 잘못된 원료가 제품에 사용된다면 그 파장은 엄청날 것이다. 잘못된 원료로 만들어진 오염된 식품은 식품 회사의 강력한 영업망을 통해 순식간에 전국으로 공급되어 사실상 어디서부터 손을 대야 할지 모를 정도의 수습 불능 상태에 빠지기 십상이다.

CJ푸드의 학교 급식 식중독 사건은 대형 식품 회사의 수습 불능 사태를 잘 보여준다. 대형화된 급식 회사가 학교 급식 사업을 대행하면서 같은 식재료를 같은 공간에서 조리해 수십 개의 학교에 공급함으로써 한번 사고가 터지면 사실상 수습이 힘들다는 것을 제대로 증명한 셈이다. 2006년 CJ푸드가 위탁 형태로 학교 급식을 제공한 수도권 지역의 중고등학교는 총 32개교로 급식 학생 수가 2만 9,534명에 달했다.[13] 이 중 2006년 6월 15일부터 23일까지 총 2,781명의 설사 환자가 발생했는데, 노로 바이러스에 오염된 지하수로 세척한 식자재 때문에 일어난 사고로 결론 내려졌다. 동일한 식재료, 동일한 조리 시설을 이용하기 때문에 오염된 식재료가 모두 사용될 때까지, 오염된 조리 시설에서 오염 물질이 제거될 때까지 식중독 환자가 계속 일어날 수밖에 없었던 것이다.

결국 효율성을 강조하고 저렴한 가격을 원할수록 식품 회사는 대형화되면서 규모의 경제 실현에 총력을 기울이게 되고, 대형화되면 될수록 식품의 안전성은 낮아질 수밖에 없다. 정부에서는 예기치 못한 식품 사고에 대비하기 위해 HACCP와 같은 위해요소 관리 시

•••• **13** 'CJ푸드시스템 관련 집단 식중독 역학조사 중간 결과'(질병관리본부 보도자료, 2006년 6월 30일).

스템을 도입해 규제와 관리를 강화하고 있지만, 모든 것이 사람이 하는 일인지라 사소한 실수나 예기치 못한 돌발 상황으로 식품 사고는 끊이지 않고 발생할 수 있다. 대형화된 식품 회사, 급식업소, 대형 농장은 결국 리스크를 한 곳으로 집중시키게 되고, 공들여 쌓은 식품 안전성은 작은 실수로 하루아침에 무너지게 된다.

잊을 만하면 터지는 대형 식품 사고에 식품을 대하는 소비자들의 눈초리는 달라졌고 묻고 따지는 소비자들이 점차 늘어나기 시작했다. 맛과 가격만 보고 식품을 선택하던 소비자들이 점차 위생과 안전성에 무게를 두기 시작한 것이다. 유통기한 정도만 확인하던 소비자들이 제조일을 확인하고, 식품 포장지에 적혀 있는 원재료와 원산지를 확인하며, 식품 첨가물을 확인하기 시작했다. 그리고 관심 밖에 있던 식품 산업과 농업 시스템에 대해 공부하는 사람이 점차 늘어나면서 관행적 농업 형태와 식품 산업에 변화를 요구하기 시작했다.

환경과 윤리, 그리고 지속가능한 농법

소비자들은 식품 안전에 매우 민감하다. 소득이 생존을 위한 최소 수준을 벗어나고 섭취하는 음식의 열량도 생존 수준을 벗어난 이후부터 식품 안전에 조금씩 관심을 가지기 시작했고, 의심 가는 식품에 대해서는 단호하게 대응하기 시작했다.

유통기한이 지난 우유 등은 과감히 버리고, 구입할 때는 유통기한이 얼마나 남았는지 꼼꼼히 따진다. 식품 포장지에서 각종 인증 마크와 열량까지 확인하고 몸에 나쁘다는 성분이 들어 있는 것은 되도록 구입하지 않으려 한다. 조리 전 식재료를 철저히 세척하고, 과일이나 채소가 시들었거나 조금이라도 부패했다면 가차 없이 음식물 쓰레기통에 버린다. 버려지는 음식물이 늘어난 탓에 막대한 처리 비용이 발생하지만 어쩔 수 없는 일이다. 식품을 대하는 소비자들의 태도가 달라졌기 때문이다. 식품을 대하는 소비자들의 태도는 식품 문화를 바꾸고, 더 나아가 식품과 연관성이 매우 높은 농업의 방향도 바꿀 수 있다.

먹을 것이 늘 부족했던 시절에는 생존을 위해 농사를 지었고 농산물을 더 많이 생산하기 위한 노력했다. 그 결과 농업 기술의 획기적 발달로 단위당 농작물의 생산량을 극대화하며 풍요의 시대를 맞이하게 되었다. 1970년대 초반까지 보릿고개를 경험했던 우리나라는 녹색혁명 이후 어느 정도 쌀을 자급할 수 있게 됐다. 1980년 중반 이후 경제가 발전하고 소득 수준이 향상되며 농산물을 마음껏 수입할 수 있는 나라가 되면서 점차 선진국 국민이나 누리는 것으로 생각했던 풍요로운 식탁을 경험하게 되었다. 음식을 낭비하는 것을 죄악시하던 과거와 달리 맛이 없으면 먹지 않는 반찬 투정이 용인되는 사회가 되었다. 먹을 것이 지천이다 보니 이제는 먹는 것을 절제하는 게 미덕인 시대가 되었고, 다이어트를 위해 생존 수준인 1,800칼로리 내외의 식단으로 하루를 연명하는 사람들도 생겨났다.

이제는 식품의 맛보다 안전성이 중요한 시대가 되었고, 환경과 윤리가 우리 농업과 식품 산업의 화두로 떠올랐다. 2000년대 중반까지 건강을 생각하는 '웰빙'이 대세였다면 2000년대 후반부터는 '로하스LOHAS, Lifestyle Of Health And Sustainability'가 새로운 트렌드로 제시됐다. 로하스는 건강을 중시하는 웰빙이라는 개념에 환경에 대한 감수성과 윤리적 책임 등의 가치가 추가된 것으로, 친환경적이고 합리적인 소비 패턴을 통칭하는 용어로 자리 잡았다.

로하스 시대에 접어들면서 우리 농업에 요구되는 농법에도 변화가 일어나기 시작했다. 경종농업엔 무농약과 유기질 비료가, 축산엔 무항생제가 대세로 여겨졌다. 무농약은 말 그대로 작물 재배 과정에서 농약을 사용하지 않는 것이고, 유기질 비료는 화학 비료가 아닌 농산 부산물과 식품 부산물, 가축 분뇨 등 자연에 존재하는 유기물을 발효해 만든 비료를 말한다.

축산 부분에서 무항생제란 가축 사육 과정 중 항생제를 사용하지 않는 것으로, 축사 내 가축 사육 밀도를 줄이고 천연 물질 등으로 가축의 질병 저항력을 높이는 새로운 가축 사육 방법을 대표한다. 축산업계는 지금까지 관행적으로 사료에 항생제를 혼합해 사용해왔다. 이제는 농가에서 가축을 한두 마리 키우는 게 아니라 돼지는 수천 마리, 닭은 수만 마리까지 사육하기 때문에 가축들은 늘 질병에 시달릴 수밖에 없는데, 질병이 발생했을 때 치료용으로 항생제를 선별적으로 사용하는 수준을 넘어 아예 예방 차원에서 사료에 항생제를 십여 종씩 섞어 쓴 것이다.

사실 축산 농가들은 얼마 전까지만 하더라도 사료에 항생제가 들어가는지 잘 몰랐다. 정부는 사료에 첨가 가능한 항생제의 종류와 양을 고시해두었고, 사료 회사들은 이들 항생제를 사료에 배합해왔기 때문이다. 즉, 공무원과 사료 회사 직원들 그리고 관련 학과인 수의학 및 축산학 전공자들만이 사료에 항생제가 들어가고 있다는 사실을 알고 있었다. 사료 회사 직원들은 우리 사료를 급여하면 가축이 질병 없이 잘 큰다고 소개했고, 농가들은 사료가 좋아 가축이 잘 크는 줄 알고 좋아했다.

가축이 성장하기에 열악한 환경(좁은 공간에 많은 가축을 입식시키는 밀집 사육)을 제공하는 이유는 계속해서 지적한 것처럼 규모의 경제를 이루고 생산비를 낮추기 위해서다. 우리 농업은 좁은 국토와 높은 인구 밀도로 땅값이 높은 터라 농산물 생산비가 높을 수밖에 없다. 높은 지대를 극복하지 못할 경우 우리 농산물은 가격 경쟁력에서 밀릴 수밖에 없기에 밀집 사육은 어쩔 수 없는 선택이었다. 그로 인해 소비자들은 값싼 축산물을 얻을 수 있었지만 항생제의 오남용이라는 부작용이 초래되었다.

이에 대한 반작용으로 '동물복지'라는 개념이 등장해 법제화되는 단계까지 이르렀다. 얼마 살다가 인간에게 잡혀 먹힐 운명이지만 살아 있는 동안만이라도 최소한이나마 동물다운 삶을 영위할 수 있는 공간을 제공하고, 가축의 습성에 맞는 행동을 보장하기 위한 설치물을 제공하는 식으로 하나둘 동물복지 개념이 실현되고 있다. 더 나아가 가축에게 고통을 덜 주는 도축 방법이 개발되고 방사나 방목을 의무화하는 등 여러 조치가 축산 부분에서 시도되고 있다.

한편 무리한 경운으로 지표층이 강으로 쓸려 들어가고 대규모 관개(지하수 사용)로 인해 지하수가 고갈되는 등의 환경 재앙이 현실로 다가오면서 이에 대한 반성도 이어지고 있다. 땅을 갈지 않는 무경운농법이 등장하고, 물을 절약하는 작물로의 대체가 시도되고 있다. 특히 땅을 산성화하고 토질을 악화시키는 화학 비료와 농약을 많이 사용하는 농법 대신 두과 작물과의 혼파 재배, 녹비 작물의 활용, 천적의 이용 등 다양한 대안 농법이 제시되고 있다.

농지와 물, 깨끗한 공기 등은 재생 가능한 자원이지만 이를 남용하다간 사라져버릴지도 모른다는 우려에서 출발한 이 같은 친환경적 대안 농법은 '지속가능한 농법'이라 불리며 최근 주목받고 있다.

토종닭 방사 사육장.

6장

공장식
농축산업에서
친환경
농축산업으로

···

우리나라 농축산업의 공장화는 1970년대 녹색혁명에 따른 식량의 자급자족화에서 비롯된 자연스러운 결과였다. 이로 인하여 우리는 해방 이후 숙명과도 같았던 보릿고개와 기아의 굴레에서 벗어나는 획기적인 농업 혁명을 이룰 수 있었지만 그 그늘도 만만치 않았다.

그로부터 30여 년 동안 우리 농업은 시장 경제 논리에 따른 생산의 단일화와 규모화를 이루기 위해 몰두했다. 이 시기 농장은 보다 싸게, 보다 많이 생산하기 위한 농업 방식에 모든 노력을 경주했고, 어찌 됐든 농장의 규모화와 농업 관련 산업의 성장을 이루는 데 성공했다. 이것이 현재 우리가 '관행 농업'이라 부르는 방식으로, 농장의 규모를 키우고 농업 관련 산업을 하나로 통합하며(수직계열화), 에너지에 의지하는 기계화와 유전공학을 이용한 유전자 변형 종자

··

가 대세를 이루는 농업 방식이다. 또한 대량 생산을 주목적으로 하는 관행 농업은 농약과 비료 등 각종 생화학적 농자재를 활용하여 효율성을 극대화한다.

그런데 본격적으로 농축산업의 공장화, 단일 작물화, 수직계열화가 진행되면서 화학 비료와 농약을 과도하게 사용하기 시작했고, 농작물의 환경오염 문제가 심각하게 대두되었다. 또한 열악한 축사 환경에서의 사육 밀도 증가로 질병이 만연해지면서 항생제의 남용이 심각한 수준에 이르렀다.

효율성만을 중시하는 농업 형태, 판매만을 목적으로 하는 농업과 식품 산업은 농장과 식탁의 거리를 갈수록 멀어지게 했고 더불어 농촌과 도시의 거리도 멀어졌다. 이제 더 이상 무엇을 먹기 위해 수고

· · ·

하지 않아도 되는 시대가 됐고, 팔기 위해 농사를 짓는 시대가 된 것
이다. 농장에서 무슨 일이 일어나는지 도시민은 알 수 없고, 농민은
자신이 생산한 농산물을 누가 먹을지 알 수 없게 되었다. 그리고 이
러한 거리감은 식품 안전에 대한 불감증으로 이어졌다.

공장식 농축산업은 식품 안전성을 어떻게 해치는가

현재 우리 농축산업은 대형화, 규모화, 계열화만이 최선인 것처럼
여기고 있다. 그렇게 하지 않으면 비경제적이고 시대에 뒤떨어지는
전근대적 농축산업자인 것처럼 백안시하는 분위기가 우리 농축산
업의 현실이다.

하지만 관습처럼 받아들이는 농축산업의 공장화가 과연 가장 효
율적이고 경제적인 방법일까? 지금과 같은 농축산업의 공장화는
결국 산업의 다양성과 안전성을 무시한 무모한 획일화에 불과한
것은 아닐까? '달걀은 한 바구니에 담지 말라'는 투자에 대한 격언
을 무시하고 거대한 바구니에 모든 걸 담아놓은 탓에 사소한 위험
요인에도 산업 전체가 휘청거리는 우를 범하고 있는 것은 아닐까?

앞서 누누이 살펴보았듯이 농축산업의 공장화는 우리 농장을 규
모화시켰고, 대규모 단작 농업 형태로 바꿔놓았다. 또한 크고 작은
다양한 농장을 저마다의 특성을 무시한 채 하나로 묶는 계열화 사
업이 이루어졌고, 농업 회사와 식품 기업의 대형화, 농업 관련 회사
의 통합이 일사천리로 진행되었다. 그 결과 몇몇 대형 회사와 계열
화 업체는 단시간에 성장했지만, 그들에 대한 농업인과 중소 농업
관련 회사의 종속은 더욱 심화되었다.

더 큰 문제는 농축산업의 공장화로 인해 대형 농업 회사와 식품 기업으로부터 식품을 공급받는 소비자들의 식품 안전성에 빨간불이 켜졌다는 데 있다. 이에 대해 정부는 기존의 군소 식품 회사 수백 개를 관리·감독하는 것보다 이들을 합병해 십수 개 기업으로 대형화시켜야 관리·감독이 더욱 용이해짐으로써 식품 안전성을 제고할 수 있다는 논리를 펴고 있다. 하지만 앞서 예시한 미국의 달걀 리콜 사태에서 보았듯이 농축산 기업이 거대해지면 작은 위험 요인에도 그 피해가 지역을 넘어 전국으로 확대될 수밖에 없다. 관리가 용이하면 사고 발생이 덜할 것이라는 자신감이 아니라 식품 사고는 언제든 발생할 수 있다는 겸손함이야말로 우리 농업과 식품 산업에 필요한 자세다.

농축산업의 규모화에 따른 근본적인 문제는 대기업이 작은 기술 혁신이라도 적극적으로 수용하는 자세를 지녔다는 데 있다. 여타 산업에서는 혁신을 주도하거나 신기술을 즉각 수용하는 것이 환영할 만한 일이지만, 인간의 생명과 직결된 농업과 식품 산업에서는 좀 더 보수적으로 신기술을 받아들일 필요가 있다. 안전성이 조금 떨어지더라도 신기술을 먼저 받아들이는 태도가 아니라 효율이 좀 떨어지더라도 충분히 안전성이 입증이 된 후에야 그 기술을 받아들이는 태도를 지녀야 한다. 농축산업에서 안전성을 무시하고 효율성 위주로 신기술을 도입하여 치명적인 사고로 이어진 사례는 빈번하다. 소에게 동물성 사료를 급여하여 발생한 광우병이 가장 상징적인 사건이다. 이밖에도 관행적으로 농작물에 농약을 사용하거나 배합사료에 항생제를 섞어온 일, 그리고 안전성이 완전히 증명되지 않은 유전자 변형 작물의 재배 등등 열거하자면 수도 없다.

농장이 됐든 공장이 됐든 농업과 식품 산업에 있어서 대형화는 한번 터지면 수습이 불가능한 대형 사고로 이어지기 마련이다. 또한 질병이 한번 돌면 농축산물의 공급량이 급격히 줄어들 수밖에 없다. 2010년 11월 발병해 2011년 5월에야 종료된 구제역도 양돈 산업의 대형화 탓에 중소 농장 위주의 한우 산업에 비해 그 피해가 심각했으며, 이후 1년 6개월여 간 돼지고기 공급 부족으로 혼란을 야기했다.

이러한 문제를 해소하기 위해서는 만일의 사태에 대비해 위험을 분산할 수 있도록 농장과 식품 회사의 크기를 적정한 규모로 제한할 필요가 있다. 달걀을 여러 바구니에 나누어 담으면 한 바구니에서 사고가 나도 다른 바구니의 달걀은 무사한 것처럼 수많은 농장과 농업 경영체가 존재한다면 기후 변화라는 위기, 질병이라는 위험에도 불구하고 식량의 안정적 공급이 가능해지고 혹시 모를 식품 사고에도 그 파급을 최소화할 수 있을 것이다.

가격적인 측면만으로 농업의 경쟁력을 평가해온 것을 반성하고 가격보다 품질과 안전성에 초점을 맞춰 우리 농업과 농장을 리모델

링할 필요가 있다. 그것은 곧 새로운 의미의 다운사이징downsizing, ¹⁴
농업 경영체의 다운사이징이 될 것이다. 이를 위해 정책 결정자들
은 1990년대 초반 농업 개방에 대비해 제시한 농장의 규모화와 농
업 경영체의 규모화, 수직계열화와 같은 정책을 재검토하고 적정한
규모로 제한할 필요가 있다.

　　하지만 인위적으로 농장의 규모를 정하는 것은 어려울 것이다.
그보다는 특정 규모를 넘어서는 농장에 면세유, 농업용 전기 사용
등과 같은 기존 혜택을 차등 적용한다면 농장의 기업화와 대형화를
막을 수 있을 것이다.

현명한 소비자의 선택이 안전한 먹거리를 지킨다

온 국민이 배불리 먹을 수 없었던 1980년대까지만 해도 먹거리 문
제는 늘 질보다 양의 문제였다. 녹색혁명을 통해 간신히 보릿고개
의 위험에서 벗어나 배를 곯지 않을 수 있었다고는 했지만 그마저
도 여유 있던 일부 가계의 얘기지 대다수 국민은 여전히 허리띠를

----

14 기업의 업무나 조직의 규모 따위를 축소하는 일. 일반적으로는 비용 절감을 위해
공장 자동화 등으로 고용 인력을 최소화하는 경향을 뜻하나 여기서는 개별 농장의 규
모를 줄여 좀 더 많은 수의 농장이 생겨나야 한다는 의미다.

졸라매고 겨우겨우 세 끼 식사를 해결할 정도였다. 자연히 식량 문제는 주요한 국가적 과제였고, 농산물 및 식품 시장은 공급자 위주의 시장이었다. 당시에는 '한정된 농지와 축사에서 얼마나 효과적으로 농축산물을 생산할 수 있느냐?'가 가장 시급한 과제였다. 이러한 국가적 과제를 해결하기 위해 화학 비료를 뿌려대고 유전자 변형 종자를 심고 가축에게 항생제를 투여하는 것이 장려되었다. 한마디로 식품의 안전성이니 소비자의 먹거리 보호니 하는 문제는 언급조차 할 수 없는 상황이었다.

하지만 세월이 흘러 공급 과잉의 시대가 된 지금 식품 공급 체계는 소비자 위주의 시장으로 바뀌었다. 주는 대로 먹던 시대를 지나 필요한 것을 골라 먹는 시대가 되면서 우리 농업에도 마케팅 개념이 등장하고 농부들이 소비자의 니즈needs를 이야기하는 시대가 됐다. 이처럼 소비자가 공급자보다 시장에서 우위를 점하면서 관행적으로 행해왔던 우리 농업의 비윤리적이고 반환경적인 대량 생산과 환경 파괴적인 농법에 제동이 걸리기 시작했다. 이제 우리 농업의 체질을 바꿔야 한다는 소비자들의 목소리가 하나둘 힘을 얻기 시작한 것이다.

언제부턴가 소비자들은 대량 생산 체제라는 반환경적인 농축산 행태로 빚어지는 여러 가지 부작용에 주목하기 시작했다. 소비자들은 신선하고 안전한 먹거리를 원하며, 자신들이 원하는 농산물이 생산되지 않으면 구매하지 않으려 한다. 당연히 해당 농산물을 생산하는 농부들은 고민할 수밖에 없다.

공급이 부족했던 시절에는 효율과 생산성만을 부르짖으며 끊임없이 변화와 혁신을 위해 달렸고, 그리하여 수많은 생화학적 투입재에 의존하는 농법이 주류가 되었다. 하지만 그 끝은 식품 안전성의 훼손이었다. 소비자들이 요구하면 맞춰줘야 하는 공급 과잉 시대에 돌입하면서 소비자들이 원하는 환경 친화적이고 안전성을 담보할 수 있는 먹거리의 공급이 중요해졌다. 이제 소비자들이 원하는 농법으로의 전환이 불가피하게 됐다.

그렇다면 현재 우리 국민들의 농산물과 식품 선택 기준은 어떠할까? 2007년 농촌경제연구원이 실시한 농축산물에 대한 소비자 선호도 조사에서 우리 국민들은 주로 맛과 안전성을 기준으로 식품과 농산물을 선택하는 것으로 확인됐다.[15]

대표적인 농산품의 선택 기준을 살펴보면, 쌀은 맛-가격-안전성, 채소는 신선도-안전성-맛, 과일은 맛-안전성-가격 순으로 나타났다. 부패하기 쉽고 식중독 등 식품 관련 사고를 일으키기 쉬운 육류의 경우 안전성이 48.5퍼센트로 가장 높았고, 광우병의 영향 때문인지 원산지가 뒤를 이었다. 가공식품은 포장 판매의 영

••••   **15** 이계임·한혜성·손은영, 《한국인의 식품 소비 트렌드 분석》(한국농촌경제연구원, 2007)

향으로 브랜드가 최우선 선택 기준이 되었고, 유통기한이 그 뒤를 잇고 있으며, 선별 및 포장 상태도 소비자들의 선택에 영향을 주는 것으로 드러났다. 수산물은 신선도가 81.9퍼센트로 압도적이었고, 매장 조리 식품은 맛이 가장 중요한 기준으로 나타났다.

식품 구입 시 고려 기준 단위 : %

순위	쌀	채소	과일	육류	가공식품	수산물	반찬류, 냉장식품	매장 조리식품
1	맛 (32.0)	신선도 (68.5)	맛 (74.6)	안전성 (48.5)	브랜드 (28.2)	신선도 (81.9)	구입 안 함 (19.8)	맛 (33.8)
2	가격 (22.6)	안전성 (18.0)	안전성 (16.3)	원산지 (15.5)	유통기한 (13.7)	원산지 (5.0)	유통기한 (18.8)	구입 안 함 (19.5)
3	안전성 (12.8)	맛 (5.6)	가격 (4.7)	가격 (9.2)	선별, 포장 상태 (13.0)	선별, 포장 상태 (3.2)	맛 (17.9)	유통기한 (19.2)

* 서울시 621가구 대상 설문 조사 결과
* 신선도 항목은 식품류별 특성을 감안해 재분류함

식품별 구입 특성 단위 : 명(%)

순위	고급화 품목		가격 지향 품목		건강 지향 품목		친환경 지향 품목	
1	과일	384 (62)	설탕	240 (39)	과일	362 (58)	채소	360 (58)
2	쌀	286 (46)	과자류	158 (25)	채소	269 (43)	과일	319 (51)
3	채소	274 (44)	식용유	151 (24)	잡곡	243 (39)	쌀	127 (20)
4	소고기	224 (36)	달걀	132 (21)	우유류	198 (32)	잡곡	104 (17)
5	우유류	195 (31)	차와 음료류	111 (18)	수산물	144 (23)	달걀	83 (13)

* 서울시 621가구 대상 설문 조사 결과
* 다중 응답 자료

소비자들의 농축산물 식품 선호도 조사에서 알 수 있듯이 최근 농축산물에 대한 우리 국민들의 관심은 단연 식품 안전성에 집중돼 있다. 그리고 이러한 관심은 2000년대 들어서 자연스럽게 유기농 식품에 대한 관심으로까지 이어지고 있다.

지금까지는 우리 농축산업이 국민들의 식량 부족 해결을 위해 공장화와 수직계열화에 집중하며 식품 안전성은 제쳐둔 채 대량 생산에만 몰두해왔지만, 앞으로는 이러한 관행이 지속되기 어려워 보인다. 식품 안전성에 대한 소비자의 높은 관심과 윤리적 소비를 권장하는 사회적 분위기가 농업과 식품 산업에 영향을 미치기 시작했기 때문이다. 관행 농축산업에 대한 개선의 목소리가 점차 높아지는 현상은 이러한 경향을 방증한다.

여러 여성 단체, 소비자 단체, 환경 관련 단체의 주도로 농업과 식품 산업의 변화를 요구하는 시민·소비자 운동이 벌어지고 있다. 도축장에 대한 위생 점검, 유전자 변형 식품 거부, 조사 연구를 통한 환경호르몬 억제, 농약 및 항생제 잔류 억제 등 식품 안전성을 높이기 위한 다양한 감시 활동이 활발하게 진행되고 있다. 여기에 더해 각종 교육 및 홍보 활동을 통해 새로운 소비문화를 제안하고, 더 나아가 안전한 먹거리가 생산될 수 있는 생산·유통·가공 환경에 대한 대안을 제시하기도 한다. 최근에는 사회적 문제가 된 비만을 해결하기 위한 칼로리 조절 운동 등으로 그 영역을 점차 넓혀가고 있는 추세다.

이처럼 조직화된 소비자 운동은 농업과 식품 산업의 변화를 이끌어내는 마중물 역할을 하며 언론과 국민, 농업 관련 공직자, 농업 관련 생산자 단체, 유통 및 농자재 생산 업체 등에 메시지를 전함으로써 농민들의 정책과 행동에 영향을 주고 있다. 소비자시민모임(소시모), 주부클럽, 녹색소비자연대, YMCA 등 수많은 소비자 단체들이 과하다 싶을 정도로 농장, 식품업체, 유통업체를 감시하고 언론이 이들의 주장을 앞다투어 보도하면서 식품 안전성이 선진국 수준까지 향상됐고, 덕분에 우리 농축산물은 외국산 농축산물과의 경쟁에서 유리한 고지를 점할 수 있게 됐다.

실례로 '2008년 광우병 항쟁'은 음식업중앙회 등 외식 업계의 강력한 반발로 도입되지 못했던 음식점 원산지 표시제가 확대되는 계기가 됐다. 이와 맞물려 소고기 이력 추적제가 도입되었는데, 그 덕분에 한우와 수입 소고기와의 식별이 용이해짐으로써 수입 소고기의 국산 둔갑 판매가 급감하여 한우의 수요 증가로 한우 가격을 크게 끌어올릴 수 있었다. 이에 자극 받은 다른 품목 생산자 단체들도 음식점 원산지 표시제 도입을 강하게 요구하면서 돼지고기, 닭고기, 고춧가루, 배추, 쌀 등도 음식점 원산지 표시제의 대상이 되었다.

음식점 원산지 표시제의 시행은 농업계가 수년 전부터 입법화를 요구했던 것이지만, 가장 많은 종사자를 회원으로 거느리고 있는 외식 업계의 눈치를 보느라 정부도 입법부도 감히 제도 도입에 나서지 못했던 사안이다. 결국 안전한 먹거리에 대한 국민들의 강한 요구 덕에 지금은 일반화된 음식점 원산지 표시제, 이력 추적제 같은 제도가 시행될 수 있었던 것이다. 이처럼 농축산업 분야의 사건 사고가 발생할 때 소비자 단체를 비롯한 시민사회 단체가 문제 제기와 대안 제시를 하고, 정부는 시민사회 단체의 대안을 수용해 건설적으로 정책을 추진한다면 우리 농식품 산업의 변화도 지속적으로 일어나게 될 것이다.

감시 활동과 대안 제시에서 한 발짝 더 나아간 실천적 소비자 운동도 존재한다. 바로 생협의 실천적 소비자 운동이다. 소비자생활협동조합의 준말인 생협은 소비자들이 직접 출자해 설립한 협동조합 법인으로, 소비자의 깐깐한 기준으로 물품을 선택해 조합원들에게 공급하는 사업을 하는 적극적인 소비자 운동이라 할 수 있다.

생협은 공동 구매를 기초로 하며 생산자와 소비자 간 공생 관계를 추구한다. 시장에서는 값비싼 친환경 먹거리를 적당한 마진을 부여하며 생산자에게서 직거래 형태로 구매한다. 이로 인해 소비자는 합리적인 가격으로 친환경 먹거리를 소비할 수 있고, 농민들은 안정적으로 수입을 올림으로써 관행 농업을 버리고 친환경 농업에 집중할 수 있다.

한국농촌경제연구원이 수행한《생협 경제사업의 성과와 정책과제》연구 보고서를 보면, 농협 조합원들이 농협을 통하는 직거래인 계통출하 약정은 잘 이행되지 않는데 비해 생협과 거래하는 농민들은 거래 만족도가 높아 거래가 지속적으로 이어진다고 한다.[16] 또한 생협의 농민과의 상생 프로그램은 농가들이 까다로운 친환경 농산물 생산에 뛰어들 수 있는 여건을 마련해 국내 친환경 농산물의 생산 및 소비 확대에 크게 기여하고 있다.

전국에 51만 명의 조합원을 둔 생협은 취급하는 상품의 95퍼센트가 농식품일 정도로 먹거리 거래 비중이 높은데, 취급 품목 대부분이 유기농·무농약·무항생제 농법을 적용한 친환경 농산물로 초기 친환경 농산물 산업의 도입과 정착에 크게 기여했다. 초기에 신선 친환경 농산물만 취급하던 생협은 이후 가공식품에 대한 조합원의 요구가 커지면서 친환경 농산물을 이용한 가공식품의 비중이 점차 높아지고 있는 추세다.

농업 전문가들은 이러한 생협의 구매 사업이 생산성 위주의 국내 농업이 품질과 안전성을 중요시하는 새로운 방향으로 움직이는 데 기여했다며 그동안의 생협 활동을 의미 있게 평가했다. 생협은 2010년 말 기준 조합원 51만 명, 매출액 5,952억 원으로 규모는 크

•••• **16** 정은미·김동훈·김문명,《생협 경제사업의 성과와 정책과제》(한국농촌경제연구원, 2011)

지 않지만 친환경 농산물의 약 15퍼센트를 유통하고 있는 것으로 나타났다. 생협은 친환경 농산물의 생산부터 유통까지의 정보를 소비자가 직접 확인할 수 있도록 상품의 신뢰 체계를 구축하고, 조합원의 출자금으로 물류 센터를 짓는 등 전국 물류의 네트워크화를 이뤄 농산물 거래 비용을 대폭 낮추고 있다.

생협은 소비자 중심의 구매 협동조합이지만 기본적으로 생산자와 소비자의 상생을 추구해 농민이 부담하게 되는 생산 부분의 리스크(기상·질병 등에 의한 실패)를 생산자와 소비자가 공동 부담하는 계약 재배를 지향하고 있으며, 이를 통해 농가와 소비자가 지속적인 거래를 유지하는 데 주안점을 두고 있다. 특히 가격안정기금 운영을 통해 가격 변동성을 완화시켜 소비자는 늘 적절한 가격에 농산물을 구입할 수 있고 생산자도 적정한 가격에 판매할 수 있다.[17] 이에 반해 생산자협동조합인 농협의 경우 농민 조합원의 농산물을 주로 도매시장에 출하하기 때문에 계약 재배를 하더라도 가격이 맞지 않아 좀처럼 계약 유지가 쉽지 않다는 단점이 있다.

최근 생협은 여러 지역에 흩어져 간신히 명맥만 유지하던 조직을 하나로 묶어 iCOOP 생협으로 재편했다. 조직 개편과 함께 소비자

•••• **17** 가격안정기금은 농산물의 가격이 적정 수준보다 높아질 경우 미리 적립해둔 기금을 활용해 가격 인상폭을 줄여주는 역할을 한다. 반대로 가격이 낮아질 경우에는 생산자에게 기금에서 일정 금액을 보조해줘 생산자의 이익을 보장해준다.

의 윤리적 소비문화 창달에도 관심을 가져 동물복지와 환경 보호, 농민과 노동자를 생각하는 윤리적 소비를 주창하고 있다. 더불어 로컬푸드, 공정무역 등 식품과 농업의 새로운 트렌드에 철학적 기반을 제공하며 한 차원 높은 소비자 운동을 전개하고 있다.

로컬푸드 운동

우리 농축산물이 좋은 건 소비자들도 잘 알지만 우리 농축산물은 수입 농축산물에 비해 비싸고, 밀 같은 품목은 거의 생산되지도 않다 보니 수입 농축산물을 찾게 된다. 정부도 식량 자급이 현실적으로 어렵기 때문에 물가 안정과 안정적 식량 수급이라는 명목으로 농축산물 수입을 적극 권장하고 있다.

하지만 어디서 누구의 손에서 생산되어 어떻게 우리 밥상까지 이동해왔는지 알 수 없는 농축산물이 우리의 건강을 위협하고 있으며, 다이옥신에 오염된 수입 삼겹살 같은 크고 작은 식품 안전 사고가 끊임없이 발생하고 있다.

이에 대한 반작용으로 로컬푸드local food 운동이 등장하며 내 고장에서 난 우리 농산물로 우리 밥상을 채우자는 구호가 힘을 얻고 있다. 과거 농협의 신토불이身土不二 캠페인은 관제 성격이 강했지만 로컬푸드 운동은 소비자들이 중심이 되어 바닥에서부터 일어난 캠페인이기에 더욱 의미가 있다. 생산 과정을 알 수 없는 식품이 아니라 우리가 관찰하고 감시할 수 있는 식품, 우리 정부가 관리할 수 있는 식품이 더 안전할 것이라고 소비자들이 판단하기 시작한 것이다.

더 나아가 우리 농산물을 우리가 애용함으로써 생산자들이 농업을 포기하지 않을 수 있게 되고, 그로 인해 식량의 안전성과 공급의 안정성 모두를 보장받을 수 있는 효과까지 발생하니 로컬푸드 운동은 우리 농업에 새로운 기회까지 제공하고 있는 셈이다.

식품 관련 사건 사고가 터질 때마다 소비자들의 관심은 안전한 식품에 쏠리고 있고, 2000년대 들어 언론은 친환경 농법으로 재배된 농축산물을 집중적으로 소개하면서 관행 농법의 잘못을 지적하는 보도를 계속해서 내보내고 있다. 이러한 언론의 관심과 소비자들의 현명한 선택이 맞물리면서 습관적으로 행해왔던 관행 농축산업에 대한 엄격한 기준이 제시되기에 이르렀다. 여기서 더 나아가 윤리적 소비를 주장하는 시민사회의 운동에 일반 소비자들이 호응하면서 자원 약탈적인 농업이 아닌, 환경을 고려하고 인간의 건강을 생각하는 농법을 실천하는 사람들이 차츰 늘어나는 추세다.

농민이 먹고살 만해야 농축산업이 건강해진다

녹색혁명과 경제 발전으로 풍요의 시대를 맞이한 이후 소비자들의 선택 기준이 맛에서 안전성, 윤리로 이어진 것을 보면 누가 주도했든 간에 농업이 변신에 변신을 거듭했다는 것을 알 수 있다.

과거 우리 농촌은 정부가 1990년과 1991년에 잇따라 발표한 농어촌발전특별조치법, 농어촌 대책 등의 농업 경쟁력 제고 방안을 기본 틀로 삼고 규모화를 통한 농업의 기업화, 공장화의 길로 나아갔다. 이러한 관행 농축산업이 대세를 이루다가 지난 2001년 농림부는 친환경 농축산물에 대한 인증제를 도입하며 10년 만에 농업 정책과 식품 정책을 양보다 질을 추구하는 방향으로 수정했다.[18] 이를 통해 규모화 된 농장뿐만 아니라 중소 농장들의 생존법도 함께 고민할 수 있는 단초가 마련되었다.

그러나 친환경 농축산물에 대한 인증 제도가 WTO 출범과 농축산물 시장 개방에 대응하기 위한 우리 농축산물의 품질 고급화 전략의 일환으로 도입되긴 했지만, 아직도 정부 정책의 큰 줄기는 1990년 도입된 농어촌발전특별조치법에서 크게 벗어나지 못하고 있다.

•••• **18** 농림부의 친환경 농축산물에 대한 인증제에는 저농약 농산물, 무농약 농산물, 유기농산물 등 농산물에 대한 세 가지 인증 제도와 무항생제 축산물과 유기축산물 등 축산물에 대한 두 가지 인증 제도가 있다.

최근 들어 친환경 농법을 확산하기 위해서는 중소농 위주로 농축산업을 재편해야 한다는 목소리가 힘을 얻고 있기는 하지만, 아직도 식량의 안정적 공급과 가격 안정을 위해서는 대량 생산이 가능한 관행 농법과 관행 축산을 강화해야 한다는 진영이 우세를 보이고 있다.

2011년 농림수산식품부 국정감사에서도 이 같은 정책 기조를 느낄 수 있는 관련 부처 책임자의 답변이 나왔다. 당시 한나라당 성윤환 의원은 "1996년부터 현재까지 농산물 가격을 조사한 결과 15년 전과 지금의 농산물 가격에 변화가 거의 없었다. 그런데 같은 기간 농자재의 가격과 인건비는 2~3배 상승해 농업인의 실질 소득은 마이너스가 되고 있다"고 지적하며 관계 장관에게 이에 대한 대책을 물었다. 그러자 서규용 농림부 장관은 "농업인의 소득 감소는 아직도 과학화된 농축산업을 받아들이지 못하는 일부 농축산인의 재래식 농법에 그 원인이 있다"며 "농장의 규모화와 농가 조직화를 통해 농가 소득 증대를 해결해나가겠다"는 시대착오적인 답변을 늘어놓았다. 이날 서 장관의 답변은 농장을 현재보다 더욱 크게 하고, 농가는 더욱 조직화해 계열화 농장을 좀 더 늘리겠다는 의미였다. 결국 농업을 현재보다 더욱 공장화해 생산비를 낮추도록 하겠다는 입장을 밝힌 것이다.

이처럼 시대의 변화를 제대로 읽지 못하는 정부의 구태의연한 대책과는 달리 우리 농축산업은 조금씩 친환경적인 농법으로의 변화를 꾀하고 있다. 2001년만 해도 미미했던 친환경 농산물의 생산과 유통은 이제 우리 농업의 한 축으로 자리 잡아가고 있다. 2008년에는 전체 농산물 중 친환경 농산물의 비중이 10퍼센트를 돌파했고 2010년에는 12퍼센트에 다다르는 등 관행 농축산물에 맞서는 친환경 농축산업의 약진이 무시 못 할 수준에 와 있다. 관행 농축산물이 주류를 이루는 가운데서도 2000년대 들어 생겨나기 시작한 브랜드 농산물, 브랜드 축산물 경영체들은 대부분 친환경을 모토로 내걸고 있어 앞으로도 생산량이 지속적으로 늘어날 것으로 기대된다.

이러한 변화는 소비자들의 요구가 있었기에 가능했다. 소비자들이 그저 배만 채우고 맛만 고려했던 것에서 벗어나 안전성을 생각하고 직접 농사를 짓는 농업인을 생각하기 시작하면서 양적 성장에 치우쳐 있던 농업을 질적 개선으로 뒤바꿔놓은 것이다. 소비자들의 요구와 이들을 대변하는 소비자 단체와 시민사회 단체의 행동이 정부의 농업 정책을 바꿔놓고, 눈치 빠른 농업인들이 관행 농업을 버리고 신농법을 채택하도록 만든 셈이다.

하지만 아직 친환경 농산물의 생산량이 전체 농산물의 10분의 1 수준에 머물러 있는 실정이다. 유기농법과 농약을 사용하지 않는 농법, 항생제를 사용하지 않는 사육법이 일부 행해지고 있기는 하지만 여전히 관행 농축산물이 대세이다.

		2001	2002	2003	2004	2005	2006	2007	2008	2009	2010
	계	87	200	365	461	798	1,128	1,786	2,188	2,358	2,216
친환경 농산물 인증량	유기 농산물	11	21	33	37	68	96	107	115	109	122
	무농약 농산물	32	77	120	167	242	320	444	554	880	1,040
	저농약 농산물	44	102	212	257	488	712	1,235	1,519	1,369	1,054
전체 농산물 대비 비중(%)		0.4	1.1	2.1	2.5	4.4	6.2	9.7	11.9	12.2	12

* 출처: 농림수산식품부

* 친환경 농산물 생산 통계는 1999년부터 작성

    소비자의 강력한 지원하에 빠르게 확산될 것처럼 보였던 친환경 농축산업의 생산력이 이처럼 지지부진한 이유는 어디에 있는 것일까? 여러 요인이 있겠지만 가장 근본적인 이유는 농축산업에 종사하는 농축산인들의 소득 보장이 안 되기 때문이다. 아무리 소비자들이 관행 농법의 문제를 지적한다 할지라도 생산성이 떨어지고 그로 인해 소출이 줄어 소득도 줄기 때문에 결국 과거의 농법을 버리지 못한다는 것이다.

    친환경 농산물을 생산하기 위해서는 기계나 생화학적 투입재의 사용을 줄이거나 중단해야 하기 때문에 과거와 같은 규모화가 불가능하고 노동의 강도 또한 높아진다. 농민들에게 안전성을 훼손하는 관행 농법을 버리고 친환경 농법으로 전환하길 요구하려면 생산량의 감소와 높은 노동 강도에 상응하는 값을 지불할 준비가 되어 있어야 한다.

하지만 우리 농축산업의 가격 결정 시스템은 생산량이 과잉되거나 소비가 뒤를 받쳐주지 않으면 아무리 좋은 농산물, 안전한 농산물이라 할지라도 가격이 하락해 농가가 손해를 볼 수밖에 없는 구조다. 현재 유기농산물은 소매 유통 단계에서는 소비자들에게 높은 가격을 인정받고 있지만 생산 현지에서는 판로가 생각보다 많지 않아 관행 농법 대비 큰 소득을 올리지 못하는 경우가 많다. 설사 판로가 마련된다 하더라도 손에 익지 않은 경작법과 노동 강도 때문에 얼마 못 가 포기하는 경우도 비일비재하다.

게다가 친환경 농산물이 시장을 지배하지 못하다 보니 관행 농산물의 공급 과잉 등에 따른 가격 폭락으로 친환경 농산물의 가격까지 덩달아 내려앉는 경우가 빈번하다. 또한 친환경 농산물의 수요도 그리 많지 않아 힘들여 친환경 농산물을 생산해놓고도 울며 겨자 먹기 식으로 관행 농산물 가격에 출하하는 경우도 상당수 있다. 수요와 공급에 따라 가격이 결정되는 시스템 속에서 결국 농민들은 돈이 되는 쪽으로 움직일 수밖에 없다.

더군다나 현재 우리의 농업 인구는 고령화되어 있다. 65세 이상 농업인이 전체 농업인의 절반가량을 차지하고 있다. 변화에 민감하지 못한 고령의 농업인들이 익숙한 관행 농법을 버리고 친환경 농업을 도입하는 데는 한계가 있다. 더욱이 현재 주류를 이루고 있는 고령 농업인이 은퇴하게 되는 10년 뒤에는 농업 인력난으로 일반 농산물의 공급마저 차질이 예상되는 실정이다. 고령 농업인의 뒤를 이을 신규 농업인들이 확보되지 못한다면 친환경 농업을 하기 위한 최적의 조건인 중소 규모의 농업은 사실상 어려워지게 된다. 그러면 결국 농기계, 생화학적 농자재에 의존하는 규모화 된 농장이 그 자리를 대체하게 될 것이다. 여기서 한 발 더 나아가 현재 초기 단계인 이마트와 롯데마트 등 대형 소매 유통업체의 직영 농장과 하림과 이지바이오, 사조 등 대규모 농기업이 운영하는 농장이 우리 농업의 한 축을 담당하게 될 것이다.

지금 세계는 근본적으로 식량이 절대 부족한 곡물 파동 위기에 처해 있다. 지난 2008년의 세계 곡물 파동은 지금의 안이한 대처로는 우리 국민들이 소비할 식량이 모자랄 수도 있다는 경고였다. 다행히 2008년과 2009년 2년 연속 쌀 풍작으로 우리 국민들은 식량 부족 현상을 크게 체감하지 못했지만, 해외발 식량 부족 사태가 언론을 통해 계속 알려지면서 충분히 그 가능성을 체감할 수 있었다.

그러나 이명박 정부는 2008년 전 지구적 곡물 수급 불안 상황을 지켜보지 못한 것처럼 2012년까지 쌀 감산 정책을 펼쳤다. 그러면서 식량 자급률 향상을 위해 노력하기보다는 해외에서 식량을 조달하기 위해 FTA 체결에 힘을 쏟는 등 현실이 되고 있는 전 지구적 식량 위기에 안일하게 대처하는 모습을 보였다. 이러한 정부의 쌀 감산 정책 탓에 국내 쌀 재배 면적은 크게 줄어들었고, 급기야 2011년 3월부터는 공급 부족으로 가격이 급등하기도 했다. 이뿐만 아니라 2010년 9월의 배추 파동, 2011년 구제역에 따른 돼지고기 부족 사태와 우유 공급 부족 상황 등 우리가 선호하는 국내산 농축산물의 공급에 문제가 생길 수 있음을 보여주는 불길한 징조들이 도처에서 드러나고 있다.

농사로는 하루 벌어 하루 먹고살기도 힘들다는 것을 절감한 농업인들이 도시로 떠나버리는 바람에 그 빈자리를 얼마 남지 않은 농업인이 메우느라 어쩔 수 없이 규모화와 단작 재배에 의지하는 수밖에 없었던 것이 지금까지의 농촌 현실이다. 정부는 이러한 농촌 실상은 외면한 채 규모의 경제를 통해 농축산물을 저렴하게 공급할 수 있게 됐다는 어처구니없는 해석만 내놓으며 안이하게 대처하고 있다. 이대로 가다가는 식량의 안정적 공급마저 쉬이 무너질 수 있을 정도로 우리의 농축산업이 허약한 체질이 되고 말 것이다.

전 세계적 곡물 파동에 대처하고 식품 안전성도 담보할 수 있는 친환경적 농축산업을 농촌에 요구하기 위해서는 생산자인 농업인이 농사를 지어 도시 중산층 정도의 생활수준은 영위할 수 있어야 한다. 그래야만 지금보다 많은 사람이 농축산업에 종사하며 농촌의 희망을 일굴 수 있을 것이고, 20~30대 젊은 세대도 농사를 짓겠다고 나설 수 있는 기반이 마련될 수 있다. 하지만 지금까지 정부는 농업인의 안정 대신 물가의 안정을 택했다. 그것도 농업인의 희생을 담보로 농산물 가격을 낮추는 방식이었다.

따라서 근본적인 해법은 떠났던 농민이 다시 농업 현장으로 돌아오도록 하는 것이다. 많은 사람이 농업에 종사해 작은 농지지만 위험을 분산시키고, 생산성이 조금 떨어지더라도 환경 친화적 농법을 적용할 수 있도록 정부가 나서서 소득을 보장해주어야 실낱같은 가능성이나마 열릴 것이다.

박근혜 정부는 농업인의 수입보장보험 도입을 공식적으로 준비하고 있다. 미국은 보험 형식이 아닌 직접 지불 제도를 통해 농산물 가격이 목표보다 적을 경우 직불금을 지급하고, 농업인의 목표 수입보다 실제 수입이 적을 경우에는 정부가 수입을 보전해주고 있다. 우리 정부는 재정 부담이 큰 직접 지불 제도의 확대가 현실적으로 어렵다는 판단하에 국민들의 동의를 그나마 쉽게 얻어낼 수 있는 보험 형식을 제안하고 있는 것으로 보인다. 현재 쌀에 대해 지급하고 있는 변동 직불금을 좀 더 확대하는 방식이다.

직접 지불 제도든 보험 형식이든 간에 대규모 재정 지출이 필요한 만큼 제도가 확대되기 위해서는 국민들의 동의를 얻어내야만 한다. 직불금이나 수입 보장 보험료의 일정 부분을 세금으로 지급하는 것에 대해 거부감을 갖는 국민이 많고, 그럴 바에는 그냥 수입 농축산물을 먹겠다는 여론이 팽배하다면 결국 이러한 제도의 확대는 불가능하다.

　하지만 농민을 위한 직접 지불 제도, 면세 혜택 등이 가난한 농민을 구제하는 복지 성격을 넘어 국민들이 선호하는 로컬푸드, 친환경 농산물 생산을 유도하는 인센티브 역할을 한다는 인식이 자리 잡는다면 우리 농업이 돈이 되는 환금성 작물로 집중되는 현상을 완화시키고 국민들의 먹거리를 책임지는 산업으로 정착할 수 있게 될 것이다. 농업 소득과 정부의 직불금을 통해 농민들이 의식주를 해결하고 자녀를 교육시키고 적당한 문화생활을 영위할 수 있는 수준까지 소득이 보장된다면 식량의 안전성과 안정적 식량 공급이라는 두 마리 토끼를 충분히 잡을 수 있을 것이다.

　농업에 대한 투융자 사업은 밑 빠진 독에 물 붓기라고 폄하하는 이들도 있다. 하지만 농민 지원 정책을 통해 농민들이 마음껏 생산에 전념할 수 있는 소득 보장 체계가 마련된다면 그 혜택은 농민뿐만 아니라 전 국민이 누리게 될 것이다.

　농산물은 공급에 따라 가격이 민감하게 반응하기 때문에 정부는 늘 소비자와 농민 모두에게 적당한 이익을 가져다주는 수준까지 농산물이 생산되도록 관리하고 있다. 하지만 농업은 기후와 재해 등에 따라 생산량 변동이 크기 때문에 적정한 규모로 가축을 입식하고 농작물을 파종해도 문제가 발생할 수 있다. 결국 이를 해소하는 방법은 생산량 조절이 아니라 농축산업 종사자들에게 충분한 양이상을 생산하도록 유도하고 가격 하락에 따른 농가 손실을 국고로 채워주는 것이다. 그렇게 되면 소비자는 낮은 가격에 농산물을 구입할 수 있고, 농업인은 언제나 생산비를 보장받을 수 있다.

직접 지불 사업은 곧 '전 국민이 농업 생산에 관여하는 사업'이다. 국민들은 농업인이 농업을 포기하지 않도록 소득을 보장해주고 대신 신선한 국내산 농산물을 저렴한 가격에 공급받는 것이다. 더 나아가 농업인들에게 자신들이 바라는 농산물을 요구할 수 있다.

지금까지 도시민들은 공들여 생산한 농산물에 대해 제대로 값도 지불하지 않으면서 고품질 농산물을 요구하는 염치없는 일을 해왔다. 하지만 온 국민이 직접 지불 사업을 통해 농업인에게 적절한 임금을 지급하는 것이 실현된다면 농업인은 국민이 요구하는 농법과 규격대로 농사를 지을 수 있게 될 것이다. 또한 직접 지불 사업의 확대를 통해 농업인의 소득이 보전되면 더 이상 농촌을 버리고 도시로 이동하는 젊은이도 사라질 것이다. 농가 소득이 보전되면 자연스럽게 소농 위주의 농업 시스템이 확산되면서 굳이 화학 비료나 항생제 같은 화학 물질에 의존하지 않아도 농사를 잘 지어 농산물의 안전성과 소득 증대에도 보탬이 될 수 있을 것이다.

직접 지불 사업이 가난하고 불쌍한 농민들에게 돈 몇 푼 쥐여주는 복지 사업이 아니라 식량의 충분한 공급을 통해 농산물 가격을 낮추고 식량 자급률을 높이는 방책이라는 인식이 온 국민과 정책 결정자들에게 각인될 때 우리 농업은 비로소 공장화의 폐해에서 벗어날 수 있을 것이다.

농민과 소비자의 행복한 공생

소비자와 생산자가 직접 농축산업 현장에서 생산물의 안전성과 재배·사육 방식을 직접 확인하는 방법만큼 모두를 만족시키는 확실한 대책도 없다. 지금까지 우리나라 농산물과 식품의 안전성이 소비자들로부터 의심받아온 중요한 요인은 생산과 소비의 괴리에 있다. 내가 생산한 농산물을 누가 먹을지 알 수 없고, 내가 먹고 있는 농산물을 누가 생산했는지 알지 못하는 상황에서는 경제적 효용만 먼저 따지게 되다 보니 안전성이 담보될 수 없다. 또한 필수적인 식량 생산보다 돈이 되는 환금 작물과 수출 농산물 생산에만 집중하게 된다. 결국 이러한 시스템은 식량 공급의 안정성, 그리고 식품의 안전성 모두를 떨어뜨린다.

혹자는 신토불이나 지산지소地産地消 등의 로컬푸드 운동이 새로운 대안이 됐다고 하고, 생협과 같은 소비자 운동이 농촌과 우리 식탁의 거리를 메울 대안이라고 하지만 내가 먹을 밥, 내 자녀가 먹을 채소를 직접 생산하는 것과는 비교할 수 없을 것이다. 내 가족이 먹을 채소를 내가 직접 생산한다면 생산성은 조금 떨어지더라도 유기질 비료를 사용하지 농약을 남발하지는 않을 것이다. 아마도 식량의 안전성을 높이는 가장 좋은 방법은 자급을 위한 생산에 있을 것이다. 보다 많은 사람이 농업에 종사해야 하는 이유가 여기에 있다.

자급을 위해 농사를 짓는 농부는 단작을 하지 않는다. 한 품목에 올인all-in 하는 농부는 판매를 목적으로 하는 상업농이다. 단작은 화학 비료, 농약, 농기계의 사용을 용이하게 한다. 한 품목에 올인 하는 축산 농가도 마찬가지다.

그러나 자급을 목표로 하는 농가는 한 품목에 올인 하지 않는다. 신선한 채소를 충분히 먹고자 감자와 고추, 상추와 호박 등을 한 밭에 나누어 심는다. 한편엔 토마토와 오이를 심고, 수확이 끝난 감자밭에는 장마가 끝나자마자 김장용 배추와 무를 심는다. 메주를 만들기 위한 콩, 밥에 넣어 먹을 서리태, 여름철 간식 옥수수 등 다양한 작목을 알뜰살뜰 심는 것이 자급 농부의 영농법이다. 밭은 크지 않은데 관리하는 품목이 많다 보니 일은 많다. 300여 평의 작은 밭에서 생산되는 것치고 농산물의 양이 너무 많다. 그래서 손님이 찾아오거나 자녀들이 방문할 때마다 호박에 상추에 오이를 바리바리 싸 보낸다. 시기를 놓치면 버려지는 경우가 많기 때문에 자신의 집에서 소화할 수 있는 양을 제외한 대부분의 농산물은 손님과 이웃 차지가 된다. 자신이 먹으려고 스스로 생산한 농산물보다 안전성이 확실한 농산물은 없을 것이다.

자급의 또 다른 효용은 안정적인 공급이다. 앞서 여러 차례 지적했듯이 상업농과 전업농은 가격에 민감하게 반응한다. 공급이 많아 가격이 높아지면 막대한 손해를 입게 되기 때문이다. 그로 인해 생산량을 일부러 줄이는 경우도 있고, 애써 가꾼 밭을 갈아엎기도 한다.

하지만 자급농은 그렇지 않다. 배추 가격이 오르든 내리든 상관하지 않는다. 늘 자신이 농사짓던 규모를 유지하면서 영농을 지속해간다. 가격에 구애받지 않는 영농이 우리 농업의 기초가 될 경우 농작물의 자급률을 계속 유지할 수 있는 기반이 된다. 가격에 따라 파종 면적을 결정하고 품목을 바꾸는 상업농이 아니라 자신과 가족이 먹고 이웃과 나누어 먹는 농산물을 재배하는 자급농의 지속성은 우리 농업에 큰 힘이 될 게 분명하다.

문제는 자급농의 육성책이 마땅치 않다는 데 있다. 자급농이 농산물 생산을 통해 어느 정도 먹고살 것은 해결한다 하더라도 입는 것과 주거의 문제도 해결하고 문화생활도 영위하며 자녀를 양육, 교육할 수 있는 최소한의 소득이 발생해야 하는데 자급 규모의 영농으로는 그만한 소득을 기대하기가 어렵다. 무엇보다도 자급농이 생산한 잉여 농산물을 시장에 내다 팔 수 있는 시스템이 마땅치 않아 농산물 판매로 소득을 올리기 쉽지 않다는 게 치명적인 단점이다.

이를 해소할 수 있는 효과적인 판매 방법으로 파머스 마켓Farmer's Market을 꼽을 수 있다. 파머스 마켓은 농민들이 유통 상인을 거치지 않고 자신이 재배한 농산물이나 농산 가공품을 평소 잘 사용하지 않는 주차장 등의 빈 공간을 활용해 판매하는 형태의 정기 시장이다. 캐나다, 미국, 일본 등 많은 나라에서 이 같은 파머스 마켓이 운영되고 있다. 유통 마진이 없어 지역 주민들도 많이 찾고 관광 명소가 된 곳도 많다. 우리나라도 이를 모방한 '바로마켓'이 정부 주도로 개설되어 있고, 농협이 중심이 된 '직거래 장터'도 운영 중이다. 그런데 이 장터들은 농민들이 자신이 생산한 농산물을 직접 판매하기보다는 지역 농축협에서 조합원이 생산한 농산물을 직원들이 가져다 판매하는 경우가 대부분이다.

우리의 직거래 장터와 바로마켓이 일본, 미국 등의 파머스 마켓처럼 활성화될 수만 있다면 중소농 위주의 우리 농업에 새로운 활력이 될 것은 분명하다. 그런데 우리의 직거래 장터들이 미국이나 일본의 파머스 마켓처럼 활성화되지 않는 이유는 무엇일까? 가뜩이나 좁은 국토를 더욱 좁게 쓰는 수도권 집중화 때문이다. 5,000만 인구 중 절반 가까이가 서울과 경기, 인천에 몰려 있고 나머지 인구 중 1,200만 정도는 부산, 울산, 경남 지역에 몰려 있다. 이들 인구만 다 합쳐도 전 인구의 3분의 2가량이다. 사정이 이렇다 보니 수도권, 부산·경남 대도시를 제외한 중소 도시에서 직거래 장터를 활성화

완주군 용진농협에서 운영하는 로컬푸드 직매장.

시키기가 쉽지 않다. 강원이나 경북, 호남 지역의 경우 소비 인구가 거의 없다 보니 소농들의 판로 개척이 사실상 어렵고, 판매 목적의 상업농들이 유통업자들의 도움을 얻어 생산된 농작물을 수도권으로 밀어낼 수밖에 없는 실정이다.

수도권과 부산·경남 지역으로의 과도한 인구 편중은 우리 농업이 공장화될 수밖에 없는 단초가 됐다. 따라서 국가 차원에서 도시와 농촌의 거리가 가까워질 수 있도록 국토 균형 발전 전략을 온전히 실행한다면 우리 농업도 새로운 기회를 얻을 수 있을 것이다. 이러한 국가 전략이 실행될 수만 있다면 농업에 올인 하는 전업농이 아닌 자급 위주의 부업농이 생겨나고, 가까운 도시에서 주중에는 샐러리맨으로, 주말에는 농부로 지내는 새로운 차원의 농업인이 등장할 수 있는 환경이 조성될 것이다.

이를 위해서는 참여정부 시절 추진했던 공공 기관의 지방 이전과 혁신도시 건설과 같은 수도권 인구의 지방 분산 정책이 마련돼야 한다. 지방에도 좋은 일자리가 생겨나면 좋은 일자리를 찾아 고향을 떠나는 젊은 층이 줄어들고, 오히려 수도권에서 지방의 좋은 일자리를 찾아오게 될 것이다. 이로 인해 지방에도 어느 정도 소비 기반이 형성되면 지역에서 생산된 농산물이 모두 수도권으로 빠져나가는 것이 아니라 지역에서도 어느 정도 소비될 수 있어 진정한 로컬푸드 운동이 전개될 수 있을 것이다.

이러한 운동이 전국적으로 확산될 수 있다면 예전보다 한층 가까워진 도시와 농촌과의 거리로 인해 소비자들이 직접 농장을 찾아 농산물을 구매하고 농촌을 체험하게 될 것이다. 더불어 농부들도 가까운 도시의 직거래 장터에 물건을 가져다 파는 새로운 유통이 생겨날 수 있을 것이다.

제대로 된 협동조합이 농민을 살린다

지금 우리 농축산업은 중소 규모의 생계형 농축산을 할 수 있는 자생적 농축산업이 발붙일 자리가 없다. 1990년대 정부 주도로 조직화된 대규모 영농조합과 수직계열화 된 축산 공장에 맞서 스스로 생계를 유지하면서 자생적으로 농축산업을 한다는 건 달걀로 바위 치기만큼이나 무모한 일이 되어버린 지 오래다.

　　하지만 보다 많은 사람이 농업에 종사해야 친환경 농축산물을 생산하며 안전한 먹거리를 확보할 수 있다. 따라서 더 많은 사람이 농업에 종사할 수 있도록 여건을 조성하는 것이 무엇보다 시급하다. 그래야 지금껏 주장한 중소농 위주의 농업, 직불금을 활용해 전 국민이 농업에 관여하도록 하는 방법 등이 효과적으로 실현될 수 있을 것이다.

보다 많은 사람이 농업에 종사하도록 하기 위해서는 농장의 규모화를 부추기는 농기업으로부터 농업인이 독립할 수 있어야 한다. 특히 개별 농업인들이 그들만의 목소리를 낼 수 있고, 중소 규모로 친환경적인 농사를 지을 수 있는 여건이 마련돼야 한다. 이를 위해서는 생산자와 소비자가 자유롭게 직거래할 수 있는 유통 방식을 확립하는 것이 급선무다. 그렇지 않으면 개별 농업인의 의미 있는 도전이 하림과 같은 거대 농기업, 이마트와 같은 초대형 소매 유통업체가 만들어가는 시스템에 묻혀버릴 수밖에 없다.

우리 육계 농가들은 1990년대 후반 외환 위기 당시 병아리와 배합사료를 구하지 못하자 어쩔 수 없이 하림 등의 계열화 시스템에 자청해 들어갈 수밖에 없었다. 그나마 남아 있던 농가들도 계열화 업체들의 과잉 입식에 닭 값이 폭락하면서 수수료라도 받고 닭을 키워야겠다는 심정으로 2006년을 전후해 대부분 계열화 시스템에 편입되어버렸다. 한마디로 대규모 거대 농장에 밀려 수직계열화 시스템에 자신의 운명을 내맡기고 만 것이다.

왜 농민들은 계열화 시스템에 편입될 수밖에 없었을까? 기업형 대형 농장 그리고 수직계열화 시스템을 구축하는 자본에 대항할 만한 농민들의 자주 조직을 만들어내지 못했기 때문이다.

농업협동조합, 즉 농협은 주식회사와 같은 자본 구성체가 아니라 사람이 모여 만든 인적 구성체다. 주식회사는 더 많이 출자한 사람이 더 큰 의결권을 갖지만, 협동조합은 자본금 출자와 상관없이 1인 1표의 의결권을 갖는 민주적 경영체이다. 농협은 원자재(사료, 비료, 농약, 종자, 농기계 등)의 공동 구매와 조합원이 생산한 농축산물의 공동 판매를 두 축으로 농민을 위한 금융 서비스, 농민을 대신한 단체 협상 등의 업무를 수행하고 모든 비용을 실비로 처리하는 것을 원칙으로 한다.

협동조합은 각종 사업을 통해 발생한 잉여금을 조합원들에게 배당하기 때문에 제 역할만 한다면 농업인들이 수직계열화 시스템에 편입될 필요도 없고 기업형 대형 농장의 기세에 밀려날 이유도 없다. 대형 농장과 계열화 업체들이 규모의 경제를 실현해 원자재를 값싸게 조달하듯 협동조합도 공동 구매 사업을 통해 같은 효과를 낼 수 있고, 여러 농장에서 생산한 농축산물을 공동 판매해 소매업계와의 협상에서도 우위를 점할 수 있다.

이러한 사업을 충실히 수행하고 있는 대표적인 협동조합이 서울우유다. 서울우유협동조합은 약 2,000개의 조합원 농장에서 생산한 원유를 가공해 연간 1조 5,000억 원대의 매출을 올리며 참여 농가에 매년 500억 원 정도의 잉여금을 배당하고 있다. 농가들은 유대를 제외하고도 농장당 약 2,500만 원의 추가 수익을 올리고 있는 셈이다.

하지만 서울우유를 제외하고 전국의 1,300여 개 농축협 중 이 정도 수익을 농가에 돌려줄 수 있는 협동조합은 존재하지 않는다. 농협은 목적 사업인 농축산물 판매보다 신용 사업과 원자재 공동 구매에 집중하고 있다. 그러다 보니 어느새 판매 부분에서 역량을 키운 하림과 같은 농기업들에게 판매 시장을 내주면서 생산과 원자재 부분의 주도권까지 내주는 상황을 연출하고 말았다. 결국 보다 못한 정부가 농민 단체의 의견을 반영해 농협이 판매 사업에 매진할 것을 주문하며 농협중앙회의 신용 부분과 판매 등을 담당하는 경제 사업 부분을 분리하는 대책을 내놓았다.

농협의 경제 사업 분야에 대한 투자 소홀은 어제 오늘의 일이 아니다. 축협중앙회와 농협중앙회가 통합된 2000년부터 현재까지 농협의 축산 부분 투자는 보유 시설에 대한 유지 보수 수준을 넘어서지 못했다. 아니, 오히려 보유하고 있던 핵심 인프라까지 민간에 매각해버렸다. 축산 부분에 대한 투자가 후순위로 밀리는 사이 하림그룹, 이지바이오그룹과 같은 축산 분야 농기업들은 배합사료를 비롯해 양돈과 닭고기 시장의 주도권을 장악했다. 농협 축산 부분은 뒤늦게 이를 만회하려 노력하고 있지만 뒷북만 치고 있는 상황이다. 특히 닭고기의 경우 앞에서도 여러 차례 지적했지만 농가는 겨우겨우 생존하는 형편인 반면, 하림을 비롯한 계열화 사업체들은 자본을 축적하며 거대 기업으로 성장해나갔다.

이에 반해 협동조합의 세가 강한 낙농과 한우의 경우 생산자 중심의 가공 유통 사업을 전개하는 등 다양한 노력을 기울여 자생력을 키우면서 농가들도 어느 정도 자본을 축적할 수 있었고 농장 시설 현대화 등을 자주적으로 해나갈 수 있는 역량도 갖췄다.

협동조합이 활성화되면 농업인의 형편은 서울우유협동조합의 농가와 같이 나아지겠지만 소비자들에게는 어떤 혜택이 주어질까? 어차피 벌어서 농가들이 모두 가져가버리는 시스템인데 일반 기업 중심으로 판을 짜나 축산인 중심으로 판을 짜나 무슨 차이가 있을까 반문하는 이들이 있을 것이다. 하지만 농축산인 중심의 협동조합과 하림과 같은 기업은 근본적으로 이익 실현에 관한 지배 구조에서 커다란 차이를 보인다.

주식회사 형태의 법인 기업은 누가 더 많은 돈을 투자했느냐에 따라 실질적인 기업의 소유권이 다르다. 법인 기업은 한마디로 자본이 결합해 만들어진 법인法人이다. 그러나 협동조합은 출자 금액과 상관없이 모든 조합원이 같은 권한을 행사한다. 더욱이 협동조합의 민주화 이후 조합 경영자를 선거를 통해 임명하면서 조합원들의 역할과 권한은 예전보다 훨씬 강화됐다.

법인 기업은 대주주의 이익에 반하는 행동을 할 수 없고, 어떻게든 투자금 이상의 이익을 올려 주주에게 제공해야 한다. 자연히 이익 극대화를 위해 각종 편법이 동원된다. 농업 회사와 거래하는 농업인은 자신이 생산한 농산물을 비싸게 팔고 싶지만 주주의 이익을 극대화해야 하는 법인 기업은 최대한 낮은 가격에 농산물을 매입하려 한다. 반면에 농가에 판매하는 농자재는 최대한 비싸게 공급하고자 한다. 그리고 소비자에게 판매하는 제품 또한 최대한 비싸게 팔려고 노력한다.

이와 반대로 협동조합은 자본이 아닌 사람이 모여 만들어진 단체이므로 조합원의 이익을 극대화하기 위한 정책을 펴게 된다. 조합과 거래하는 조합원 농가에 최대한 싸게 농자재를 공급하고 매입하는 농축산물은 최대한 비싸게 사준다. 결국 협동조합이 활성화된 분야에서 농업인은 자본을 축적할 수 있고, 그러면 해당 농업에 종사하고자 하는 사람이 늘어나게 된다. 그리고 농축산물이 시장에 충분히 공급되면서 가격이 내려가는 효과가 나타나게 된다.

식품 안전성 측면에서 협동조합과 법인 기업을 비교해보면 상황은 더욱 극명해진다. 인적 공동체인 협동조합은 개별 농장들이 조합을 구성하는 것이기 때문에 조합원 소유의 농장에 대해 경영의 합리화나 생산성 향상에 크게 관여하지 않는다. 조합원이 필요로 하면 관련 기술 등을 제공할 수는 있지만, 생산성 향상이나 효율 극대화 등은 어디까지나 개별 농가의 의지에 달려 있는 것이지 협동조합이 적극적으로 나설 사안이 아니다.

협동조합은 조합이 농가에 요구하는 것보다 농가가 조합에 요구하는 것이 더 많다. 품질 좋은 원자재를 저렴한 가격에 공급하는 일이나 농민이 생산한 농축산물을 최대한 비싸게 그리고 많이 사주는 일 등이 그것이다. 조합은 조합원으로부터 농산물을 전량 수매해야 하기 때문에 늘 재고 부담을 안고 있다. 조합은 농산물의 재고를 줄이기 위해 어떻게 하면 빨리 판매할 것인가에 골몰하게 되고, 이 과정에서 발생하는 손실은 신용 사업을 통해 벌어들인 수익으로 충당하기도 한다.

그러나 법인 기업의 경우 어떻게든 농가에 지급하는 비용을 줄여야 하기 때문에 무리한 생산성 향상과 경영 합리화를 농장에 요구한다. 가격 대비 품질이 떨어지는 원자재를 공급하기도 하고, 생산성 향상을 목표로 식품 안전성을 크게 위협하는 원자재의 사용을 종용하기도 한다. 생산성 향상을 위한 대규모 농기업의 무리하고 반자연적인 횡포는 광우병 사태에서 여실히 드러났다. 영국을 시작으로 서구를 휩쓴 광우병 사태는 생산성 향상을 위해 소에게 소를 먹인 만행에서 시작됐다. 소가 좀 더 빨리 목표 체중에 도달하도록 본래 풀을 먹고 자라는 소에게 육식을 강요한 결과이다. 설사 협동조합 구성원 중 누군가가 이러한 무리한 생산성 향상 프로그램의 도입을 추진한다 하더라도 똑같은 권력을 나눠 갖고 있는 다른 조합원들이 이를 반대하면 무산되지만, 회사의 경영권이 몇몇 사람에게 집중되어 있는 법인 기업의 경우 대표이사가 이를 용인한다면 사실상 제동을 걸 장치가 없다.

협동조합의 역할은 여기서 머무르지 않는다. 협동조합은 농장 혼자서는 결코 해낼 수 없는 규모의 경제를 실현할 수 있다. 여러 농장에서 생산된 농축산물의 판매 창구를 조합으로 단일화함으로써 공급자의 힘을 키울 수 있다. 협동조합의 기능과 역할이 강화될수록 판매자의 교섭력이 커지기 때문에 하림식 계열화 모델 못지않은 협상력을 가질 수 있게 된다. 특히 여기서 발생한 이익은 각 농가에 배당 형식으로 고루 분배되기 때문에 생산자들의 이익을 추가로 보장하면서 농업인이 농업 활동을 지속할 수 있게 하는 유인책이 된다. 결국 협동조합 법인은 소비자와 농업인 모두에게 유익한 사업 모델이다.

하림은 600개의 농장을 한 사람이 운영하는 것과 같은 효과를 내며 규모의 경제를 실현했다. 병아리와 배합사료를 하림이 농장에 직접 공급하기 때문에 필요한 시기에 닭을 입식시키고 필요한 규격의 닭을 생산해낼 수 있다. 또한 하림만의 배합사료 제조법, 사육 프로그램, 인센티브와 페널티 프로그램을 적절히 조합해 농가들이 하림이 원하는 생산성을 낼 수 있도록 한다. 결국 하림의 오너가 마음만 먹으면 안전성이 완전히 확보되지 않은 신기술도 도입할 수 있는 것이다.

문제는 협동조합이 법인 기업과 경쟁하게 될 때이다. 농민으로부터 최대한 농산물을 싸게 구매하는 법인 기업에 비해 최대한 비싸게 구매해야 하는 협동조합은 원가 경쟁에서 뒤질 수밖에 없다. 농업인을 상대로 판매하는 농자재도 협동조합은 비교적 고품질의 것을 저렴하게 공급하지만, 일반 계열화 사업자는 그렇지 않을 가능성이 높다. 더욱이 낮은 원가를 무기로 일반 사기업이 시장 확대를 위해 공급 과잉을 유발해 제품 가격을 낮출 경우 협동조합도 확보한 농산물을 판매하기 위해서 비슷한 가격에 공급할 수밖에 없게 된다. 그러다 보면 자연히 손실이 눈덩이처럼 불어나 결국 도산할 수밖에 없다. 이것이 1990년대 하림과 경쟁했던 협동조합형 육계 계열화 업체들이 도산한 결정적 이유다.

그렇다면 서울우유협동조합은 어떻게 매일, 남양, 한국야쿠르트 등의 유가공 업체와의 경쟁에서 살아남아 1등 유제품 회사로 자리 잡을 수 있었을까? 이유는 간단하다. 일반 유가공 업체가 됐든 협동조합 유가공 업체가 됐든 이들은 원유를 늘 같은 가격에 매입해 왔기 때문에 원유 구매에서 협동조합이 딱히 불리할 게 없다. 이들이 담합을 했다는 것이 아니다. 원유 가격은 시장에서 결정되지 않고 낙농진흥회라는 공공 기관에서 원유를 거래하는 주체인 낙농가와 유업체 대표가 협상을 통해 정한다.[19] 낙농진흥회가 고시한 가격을 모든 유업체가 따르고 있기 때문에 협동조합이 됐든 일반 기

···· **19** 1998년까지는 농림부가 원유 가격을 고시했고 모든 낙농가와 유업체는 정부가 고시한 원유 기준 가격대로 원유를 사고팔았다.

업이 됐든 원유 매입가, 즉 원료 구입 가격은 같은 선에서 출발하게 되는 것이다.

따라서 유업체들은 구매 비용 절감을 통해 이익을 추구하는 전략을 구사하기가 사실상 어렵고, 제품 차별화와 마케팅 능력에서 기업의 운명이 갈리게 된다. 닭 계열화 업체들이 어떻게 하면 농가에서 더 싼 값으로 닭을 구매할 것인가 골몰하는 시간에 유가공 업계는 어떻게 하면 소비자들이 선호하는 제품을 만들 것인가에 골몰한다. 그런 경쟁을 통해 소비자도 좋아하고 농가도 보호하는 서울우유라는 1등 유가공 업체가 협동조합이라는 약점에도 불구하고 지속적인 성장을 해올 수 있었던 것이다.

협동조합 형태의 조직이 농가 보호와 소비자 만족에 더욱 유리할 뿐 아니라 농업의 공장화를 부추기는 생산성 향상, 낮은 가격 유지를 위한 영업 개선에 대한 압력이 덜하기 때문에 협동조합을 더욱 육성해야 한다. 하지만 지금과 같이 사기업과 경쟁하는 구도에서는 협동조합의 경쟁력 확보가 쉽지 않다. 최소한 유가공 산업과 같은 수준의 공정한 경쟁 방법을 강구하든가, 아니면 생산 부분만이라도 경쟁 구도를 벗어나 협동조합에 맡기는 방안을 검토해야 한다.

농산물 생산은 지역 농축협을 중심으로 농업인이 전담하고, 이후 유통·가공은 일반 사기업과 농협중앙회 또는 품목별 협동조합의 경쟁 체제로 운영하는 모델이 업계와 농가가 동반 성장하는 데 가장 효과적으로 보인다. 지역 협동조합은 원자재를 시장에서 공동 구매해 농민에게 공급하고, 농가가 생산한 농축산물을 수거해 공동 판매하는 방법으로 생산 농가를 보호해주는 역할을 하는 것이다. 이는 지금까지의 농업 인터그레이션agricultural integration이 원자재—농장—가공·유통을 하나로 통합하는 방안으로 운영되던 것과는 사뭇 다른 구조로, '생산과 가공·유통의 분리' 또는 '농업 관련 산업의 전문화'라 할 수 있다.

수직계열화는 답이 아니다

미국 등 선진국 농업의 발달사를 살펴보면 마지막은 농업 인터그레이션, 즉 농업 수직계열화로 귀결된다. 초기 농업은 원자재부터 생산, 가공, 유통, 소비에 이르는 전 과정을 농민이라는 한 주체가 감당했다. 이후 농업 기술이 발달하면서 생산과 판매 부분에서 규모화가 이뤄지고, 이를 뒷받침하기 위해 원자재로부터 생산, 가공, 유통, 소비에 이르는 과정이 분업화, 전문화되었다. 이렇게 분업화된 각 부문은 상호 의존 관계 속에서 각기 하나의 산업으로 성장하고 대형화의 길을 걷게 되는데, 특정 주체가 규모화 된 각 영역의 회사를 사들이며 하나의 시스템으로 통합하면서 농업 인터그레이션이 완성되는 것이다. 농업 인터그레이션 이후에는 농민이 아니라 대자본이 농업의 주도권을 쥐게 된다.

양계를 예로 들면, 예전에는 최초 농장에서 모든 농작업이 이뤄졌다. 병아리의 부화, 사료 공급, 사육 관리, 생산된 양계산물인 달걀과 닭의 소비나 판매까지 모두 농장에서 이뤄졌다. 이후 양계산물의 수요가 늘어나면서 농장이 대형화되고 농장 단위에서 모든 과정을 담당할 수 없게 되면서 분업화가 진행되었다. 대표적인 양계 관련 산업은 배합사료 제조업, 부화업, 도계업, 달걀 유통업 등이다. 하지만 현재 육계 부분은 하림을 중심으로, 관련 산업은 다시 하나의 법인 아래로 묶이고 있다. 이것이 농업 인터그레이션이다. 작은 농장에서 시작된 소규모의 양계업이 규모화 되면서 분업화의 길을 걷고, 이후 하나의 산업으로 성장한 각 부분을 인수 합병 등을 통해 통합하면서 여러 육계 관련 산업이 하나의 산업으로 다시 탄생하는 것이다. 이러한 현상은 농장과 관련 산업의 규모화가 정점에 이르는 단계에 들어섰을 때 급속히 나타난다. 현재 우리 축산업계는 인터그레이션의 주도권을 잡기 위한 기업들의 치열한 각축장이 되고 있다.

수직계열화는 분명 중간 거래 비용과 유통 마진을 줄임으로써 최종 산물의 가격 경쟁력을 확보할 수 있을 뿐 아니라 기존 거래 방식에 비해 추가 소득을 가능케 한다. 이처럼 시장의 순기능이 돋보이다 보니 필자가 주장하는 '생산과 가공·유통의 분리'가 자칫 농업의 경쟁력을 약화시키는 것 아니냐는 반론이 제기될 수도 있다.

하지만 수직계열화를 통해 얻어지는 추가 소득이 자본가에게만 집중되고, 수직계열화의 열매가 회사에만 집중되는 현재의 구도가 과연 누구를 위한 산업의 구조조정이냐고 되묻고 싶다. 또한 낮은 단계의 수직계열화를 하고 있는 낙농·유가공 산업의 경쟁력이 높은 수준의 수직계열화를 하고 있는 육계 부분보다 우위에 있다는 점을 들어 수직계열화가 우리 농업의 경쟁력을 높이는 유일한 대안이 아님을 다시 한 번 강조하고 싶다.

낙농 목장이 유업체와 느슨한 계열화 관계를 유지할 수 있었던 이유는 앞서 언급한 원유 가격 고시 제도 때문이다. 이 원유 가격 고시 제도의 정착으로 유업체는 농가로부터 구매하는 원유 가격을 절감하기 위한 노력을 할 필요가 없기 때문에 농가에게 무리한 요구를 하지 않아도 된다. 대신 유가공 업체들은 제품 개발, 마케팅, 물류 및 공장 운용의 효율화 등에 집중하면서 유가공 산업 자체의 경쟁력을 높이는 데 힘을 쏟게 된다. 원유 가격을 정부가 고시하는 제도만으로도 농장과 유통 부분이 분리되고, 이를 바탕으로 서울우유 협동조합처럼 경쟁력을 갖춘 거대 조합이 생겨날 수 있었다.

정부의 원유 가격 고시 제도 때문에 협동조합과 농가만 유리해졌다고 생각하면 오산이다. 서울우유가 흰 우유에서 최고의 경쟁력을 갖춘 것과 같이 남양, 매일, 빙그레, 한국야쿠르트 등 일반 유업체들도 서울우유 못지않게 경쟁력 있는 상품을 보유하고 있다. 남양과 매일은 영유아 조제분유에서 업계 수위를 다투고 있고, 커피음료 시장에서도 선두권에 있다. 빙그레는 떠먹는 요구르트와 바나나우유 같은 가공 우유에서, 한국야쿠르트는 기능성 발효유 시장에서 타의 추종을 불허한다. 동일한 출발점(동일한 원유 매입 가격)에서 시작한 이들 유업체들은 생존을 위해 소비자 지향의 마케팅과 제품 개발에 매진하게 됐고 그 결과 소비자들에게 인정받는 제품을 선보일 수 있게 된 것이다.

결국 낙농과 유가공 부분은 계약에 의해 원유를 생산하고 판매하지만 원유 가격 고시 제도를 통해 산업 간 통합의 의미는 줄어들었고, 농장과 유가공 업체가 고유의 영역 내에서 혁신을 통해 산업을 발전시켜나가게 된 것이다. 농장과 공장, 시장을 통합해 경쟁력을 높이자고 부르짖는 수직계열화론자들의 주장과 달리 낙농·유가공 산업은 느슨한 결합에도 불구하고 높은 경쟁력을 유지하고 있는 것이다.

대형 소매 유통업체의 압력에서 벗어나는 길

최근 소매 유통 부분이 대형화되고 업체 간 경쟁이 심화되면서 제조업체들이 울상이다. 과거 작은 구멍가게와 슈퍼마켓, 재래시장이 전부이던 시절에는 제조업이 유통업보다 규모가 컸고, 소매점이 매우 많았기 때문에 도매업자나 제조업체가 거래에서 우위를 점할 수 있었다.

하지만 이제는 대부분의 제조업체들이 대형화된 소매 유통업체의 막강한 협상력 앞에 무릎을 꿇고 그들의 눈치만 보고 있는 실정이다. 대형 소매 유통업체가 외면한 상품은 사실상 판매 경로를 찾을 수 없어 고사될 수밖에 없다. 특히 유통기한이 짧은 농축산물은 여타의 방식으로는 유통을 할 수 없을 정도로 대형 소매 유통업체의 힘에 휘둘리고 있다.

이들 대형 소매 유통업체는 공급업체에 가격 인하를 요구하고, 세일 행사 때는 생산비 이하로 납품을 강요하기도 한다. 농산물의 경우 과거 수직계열화가 되기 이전에는 소매 유통업체의 가격 인하 압박을 적절히 피해갈 수 있었다. 도매시장에서 실시간으로 농산물 거래 가격이 공표되기 때문에 아무리 직거래라 할지라도 도매시장 대표 가격보다 큰 폭의 가격 인하를 요구할 수 없기 때문이다.

하지만 하림과 같이 생산과 가공이 하나의 경영체로 묶일 경우에는 상황이 달라진다. 계열화 체계에서는 도매시장 가격이 아니라 업체 생산비가 납품 가격의 중요한 잣대가 되기 때문에 대형 소매 유통업체는 생산비를 조사해 납품 가격을 책정하므로 과거와 같이 시세 차익을 노릴 수 있는 기회가 점점 줄어들게 되기 때문이다.

대형 소매 유통업체의 힘에 밀린 업체들은 구매 단가를 낮추는 방향으로 생산비 절감을 위해 노력하게 되고, 결국 농가들에 지속적으로 원가 절감 요구를 하게 된다. 계열 주체들은 여러 유인책과 페널티 제도를 적절히 섞어가며 농가들이 생산비를 절감하도록 압박한다. 결국 농가들은 생산성을 높이고 규모의 경제를 실현하기 위해 시설 현대화와 농장의 규모화로 대응할 수밖에 없게 된다.

소매 유통 부분의 압력에서 자유롭기 위해서는 낙농·유가공 부분의 낙농진흥회 그리고 비육우 거래가 이뤄지는 도매시장과 같은 공적 기구에서 농산물 가격이 책정되고 또 그 가격이 대표성을 갖도록 해야 한다. 낙농진흥회가 고시하는 원유 가격이나 농협 음성 축산물 공판장에서 결정되는 소와 돼지의 공판 가격은 축산 분야의 원료, 축산물 거래를 위한 기준 가격으로 활용되고 있다.

지역 농협을 중심으로 가축이 생산되고, 시장 기구를 통해 이를 일반 사기업, 농협중앙회 등에 판매하는 것을 제도화한다면 자연스럽게 이들 간의 거래 가격이 대표 가격이 되고 대형 소매 유통업체도 거래에서 이 대표 가격을 준용할 수밖에 없게 된다.

농민들은 협동조합을 통해 대형 가공업체나 대형 소매 유통업체에 대한 협상력을 높여야 한다. 이들 경쟁력 높은 협동조합이 주체가 돼 가공업체나 유통업체와의 협상을 통해 결정한 가격을 시장에 공표한다면 대형 소매 유통업체들의 무리한 가격 인하 압박을 막을 수 있을 것이다.

결국 사육과 가공의 분리는 농장보다 힘의 우위에 있는 대형 식품업체 그리고 대형 소매 유통업체들의 가격 인하 공세에 효율적으로 대처할 수 있는 안전장치가 될 것이다.

사육과 가공의 분리를 통한 축산업의 경쟁력 강화

사육 부분과 가공 부분의 분리는 양 영역이 영향을 주고받고 견제만 할 수 있을 뿐 상대방의 이익에 손을 댈 수 없기 때문에 독자 생존을 위한 치열한 자기 혁신으로 이어지게 만든다.

현재 닭 계열화 업체들은 대형화된 대형 소매 유통업체와 치킨 외식업체의 저가 납품 종용에 어려움을 느끼며 생산비를 최대한 줄이기 위해 안간힘을 쓰고 있다. 하지만 생계의 운송과 도축, 닭의 가공 등 유통과 육가공 부분에서 절감할 수 있는 부분은 크지 않다. 공장은 장치 산업인지라 적정 물량만 돌아가도록 하는 것 외에는 개선할 게 없고, 비용의 대부분을 차지하는 인건비는 매년 최저임금 인상과 함께 오히려 오르고 있다.

결국 취급 물량을 늘리는 것 이외에는 가공과 유통 부분에서 생산비를 낮추기 위해 사용할 만한 카드가 없다. 이로 인해 계열 주체들은 육계의 생산성 향상에 힘을 기울인다. 종계의 종란(번식을 위해서 얻은 알) 및 병아리 생산량을 극대화하려 하고 있고, 육계의 경우 반나절이라도 출하일을 앞당기기 위해 노력한다. 여기에 사료 요구율 개선 등을 통해 닭 생산비를 단 몇 원이라도 줄이기 위해 몸부림을 친다.

사육과 가공이 분리되면 가공 부분은 농가에 납품 가격을 낮춰 달라고 말할 수는 있지만 직접적으로 생산비를 절감하기 위한 조치를 취하지는 못한다. 농장도 과거 생산만 하면 계열 주체들이 수수료를 지급해주는 시스템에서 벗어나 안정된 사육 수수료를 보장받지 못하기 때문에 판매되는 닭의 가치를 높이기 위해 철저한 수급 조절과 생계 품질 향상을 위해 노력하게 될 것이다. 하림 등 주요 도축 및 가공업체들은 원자재 판매와 생계 구매 단계에서 이익을 얻을 수 없기 때문에 닭을 가공해 닭의 부가가치를 높이는 방법으로 이익을 추구하며 새로운 돌파구를 찾아 나설 것이다.

축산 분야의 다른 축종을 살펴보면 이를 더 쉽게 설명할 수 있을 것이다. 낙농·유가공 부분은 계육 부분보다 먼저 계열화가 이뤄졌지만 낙농 목장과 유가공 공장 간의 분리로 두 산업은 건전한 발전을 이어왔다. 축산 부분 가공 산업은 생산과 가공이 가장 잘 분리되어 있는 유가공 부분의 성장이 가장 두드러져 있고, 그 다음 돈육 가공, 계육 가공 순으로 산업이 발달해 있다.

계육 가공 산업은 유가공 산업과 비교할 때 제품의 인지도는 물론 제품 종류나 소비자 선호도 등에 있어 초보적 단계에 머무르고 있으며, 돈육 가공 부분과 비교해도 아직 갈 길이 먼 상황이다. 계육 가공 부분이 이렇게 된 것은 산업의 통합 작업에 너무 장기간 힘을 쏟았기 때문이다. 또한 계열 주체들이 소비자가 원하는 계육 가공품을 개발하여 부가가치를 얻으려 하기보다는 원자재 판매와 시세차익이라는 쉬운 길에 열중했기 때문이기도 하다.

돈육 가공 부분도 계열화를 열심히 추진해온 선진이나 팜스코에 비해 사육 부분이 없는 CJ나 롯데, 동원 등 전문 육가공 기업들이 제품의 종류나 인지도 면에서 월등한 우위를 점하고 있다. 양돈 부분 계열화 사업의 수익 모델이 가공과 유통보다는 사료 판매, 모돈 및 정액 판매, 비육돈 판매 등 원자재 부분에 집중되었기 때문이다.

치킨 외식 산업의 발전이 계육 가공 부분의 발전을 가로막았다는 주장도 있다. 20년째 삼겹살과 족발로 버티고 있는 돈육 외식사업과 달리 치킨 외식 산업은 5~6년을 주기로 새로운 제품이 출시되며 닭고기 소비를 주도하고 있다. 이로 인해 하림 등이 생산한 계육

반가공 제품을 집에서 조리해 먹는 것보다 치킨 외식업체에 배달시켜 먹는 게 더 편리하고 맛있다는 생각이 소비자들에게 각인돼 있어 이 벽을 뛰어넘기가 쉽지 않다고 계열 주체 관계자들은 말한다.

눈여겨볼 만한 특징이 있다면 하림 등 계열화 업체들이 운영하는 치킨 프랜차이즈 업체보다 전문 치킨 프랜차이즈 업체의 경쟁력이 높다는 것이다. 원료육 공급 면에서 유리할 것으로 보이는 주요 계열화 업체들의 프랜차이즈보다 이들 계열 주체로부터 닭을 구매해 영업하는 BBQ, 교촌, 페리카나 등이 치킨 외식 산업을 주도하고 있는 것이 사실이다. 하림의 멕시칸, 체리부로의 처갓집 등의 브랜드가 한때 잘나가기도 했지만 시간이 지날수록 시장 지배력은 BBQ와 교촌 등 전문 치킨 프랜차이즈 업체 쪽으로 넘어가고 있다. 이처럼 닭 외식 산업에서도 하나로 통합된 업체보다는 분리되어 있는 업체들의 경쟁력이 높다는 점에서 알 수 있듯이 단순히 통합과 직거래로 거래 비용을 절약해야만 경쟁력이 높아질 수 있는 건 아니다.

타 산업도 마찬가지다. 무선통신 서비스와 휴대폰 제조업을 함께 하고 있는 LG가 휴대폰만 제조하는 삼성전자보다 앞서는 것은 아니며, 휴대폰 부품부터 완제품 그리고 유통까지 전체를 수직계열화한 삼성전자가 설계와 소프트웨어, 유통만 하고 있는 애플보다 앞선다고 할 수도 없다. 분리되었음에도 경쟁력이 있는 유가공과 돈육 가공 산업 그리고 치킨 외식 산업의 사례는 다른 영역의 이익을 취할 수 없는 분리된 현실이 자기 혁신을 통해 경쟁력을 높이는 방향으로 전개되어 통합된 경영 주체보다 경쟁력에서 앞설 수 있다는 명백한 증거다.

공장식 농축산에서 벗어나는 길

사육과 가공의 분리는 수직계열화, 즉 농업과 농업 관련 사업의 통합이 더욱 가속화되고 있는 상황에서 '통합'이라는 대세를 거스르고 시대에 역행하는 듯 보일지도 모른다. 이는 농장과 시장, 공장의 통합만이 농업 개방이라는 거스를 수 없는 시류 속에서 우리 농업의 경쟁력을 높일 수 있는 유일한 대안이라고 강조해왔던 정부의 정책 기조에 정면으로 대항하는 것이기도 하다.

2014년 현재 박근혜 정부는 이러한 정책을 더욱 공고히 하겠다는 국정 목표를 발표하고 이를 위해 힘을 기울이고 있다. 정부는 일본의 '6차 산업' 개념을 그대로 수입하여 1차 산업인 농업, 2차 산업인 가공, 3차 산업인 서비스업을 하나로 통합해 새로운 부가가치를 낳는 데 힘쓰자고 역설하고 있다. 또한 농축산물 유통 부분을 수직계열화하되 지금까지 부작용이 많았던 민간 기업 주도의 수직계열화 대신 농협이 농업과 축산 전 영역에서 이를 할 수 있도록 지원하고,

이명박 정부 때 실시한 협동조합 신경분리[20]를 위해 6조 원대의 정책 자금을 무이자 또는 무상 지원하기로 결정하였다.

이에 발맞춰 산업 통합의 움직임은 기업들의 농업 진출로 가속화되고 있다. 참치를 잡아 통조림을 만들던 사조그룹이 닭과 양돈 계열화 사업에 진출했고, 동부한농그룹은 동아청과 인수 이후 종자부터 시작하는 채소 분야 수직계열화에 나설 채비를 하고 있다. 앞서 이야기했던 이마트와 롯데마트의 계열화는 완성 단계에 와 있다.

숨 가쁘게 진행 중인 농업 분야 인터그레이션 움직임과 다르게 관행 축산, 관행 농업을 거스르려는 시도 또한 농업계에서 힘을 얻고 있다. 하림그룹과 십수 년째 대립해오고 있는 대한양계협회의 이준동 회장은 미국산 닭고기에 대항하려면 미국과 같은 공장식 축산이 아니라 친환경 닭고기처럼 차별화된 방식이어야 한다는 입장을 줄기차게 밝히고 있다.

남호경 전 전국한우협회 회장은 "한우는 우리 국민들로부터 세계 어떤 소고기보다 좋다는 평가를 받으며 국내에서 가장 비싼 육류가 됐다"며 그 이유를 "미국과 같이 대형 농장을 꾸리고 공장식

•••• **20** 농협의 신경분리란 신용(금융) 사업과 경제(농축산 관련) 사업을 분리하는 것을 말한다. 농축산물 가공과 유통, 원자재 생산과 구매 등을 담당하는 경제 사업을 분리해 쉽게 돈을 벌 수 있는 금융업보다는 경제 사업에 더 투자하도록 유도하겠다는 의도로 2012년 3월 농협법이 개정되면서 신경분리가 이뤄졌다.

으로 소를 키워내는 것이 아니라 중소 규모의 농장에서 한 마리 한 마리 정성을 다해 키우는 우리 농부들의 수고를 소비자들이 인정해 주기 때문"이라고 밝혔다. 한우를 비롯해 우리 농축산물은 대부분 사람이 손수 재배한 농산물일 것이라는 소비자들의 믿음이 국내산에 대한 신뢰로 이어지고 있다는 게 그의 생각이다.

이러한 우리 소비자들의 믿음에 농민들이 부응하지 않고 미국처럼 대형화, 기업화의 길로 나아간다면 소비자들은 배신감을 느낄 것이다. 그렇게 되면 좀 비싸더라도 국내산을 사주었던 신뢰의 손길이 FTA 체제 속에서 마구 유입되는 저가의 외산 농축산물로 옮겨 가게 될 것이다.

유행은 돌고 돈다. 지금까지는 소비자들이 공장식으로 값싸게 만든 농축산물에 열광했지만, 이제는 예전 방식대로 농사를 지은 유기농산물에 관심을 보이고 있다. 지금의 관행 농법에 자리를 내준지 100년도 되지 않은 상황에서 농부들이 비료와 농자재, 종자까지 직접 생산하고 화학 물질을 배제하는 자연 농법을 사람들이 다시 찾고 있다.

중앙대 산업경제학과 윤석원 교수는 생산성 향상과 생산비 절감에만 목말라 있던 농업이 그로 인한 부작용과 그것을 알아버린 소비자들의 저항으로 인해 변화를 요구받고 있다고 지적했다.[21] 관행 농업이 주류인 시대에서 농업문명의 전환을 불러올 움직임이 생협 운동, 로컬푸드 운동 등 다양한 형태로 소비자들 사이에서 먼저 시작되고 있다. 그리고 이러한 소비자들의 움직임에 반응하는 농부들이 생겨나면서 친환경 농법, 무경운 농법, 무항생제 축산 등 과거의 농사법이 마치 새로운 농사법인 양 시도되고 있다.

공장식 축산이라는 비난에서 벗어나기 위해, 또 농축산물의 안전성을 높인다는 이유로 현재의 규모화 된 농장, 수직계열화 된 농업 체계를 한 번에 뜯어고치려 한다면 그 반작용은 더욱 커질 수밖에 없다. 아직도 농축산물의 선택 기준으로 가격을 우선시하는 이들이 많고, 정부가 이 길만이 생존의 길이라며 규모화와 계열화를 유도해왔는데 하루아침에 이들을 개혁 대상으로 지목하는 것도 문제가 있다.

농업문명의 전환을 위해 우리가 순차적으로 해야 할 일들이 있다. 첫째는 관행을 버리고 신농법을 수용하고자 하는 농업인에게 기술을 제공하는 것이다. 둘째는 대형 농장 및 수직계열화 업체와 공정하게 경쟁할 수 있는 제도와 시스템을 만드는 것이다. 그리고 도저히 현재의 관행 농업 형태를 벗어나지 못하는 이들에게는 각종 제도를 통해 식품 안전성을 높이고 공장화된 농업의 부작용을 최소화하는 방법을 제시해야 할 것이다.

•••• **21** 윤석원, 《농업문명의 전환》(교우사, 2011)

우리 축산 수직계열화 사업의 모델이 된 미국의 농업도 변화에 직면해 있다. 미국의 버락 오바마 대통령은 취임 직후부터 가족농 보호 정책을 펼칠 것을 공언했다.[22] 카길Cargill, 타이슨푸드 같은 거대 기업으로 시장이 통합되면서 가족농과 같은 개별 농업인은 시장에 공정하게 접근할 수도 없을뿐더러 적절한 가격을 보장받지 못하고 사육에 대한 결정권도 위협받고 있다며 가족농에게 부정적인 영향을 줄 수 있는 반경쟁적인 행위를 금지하겠다는 입장을 천명한 것이다. 실제로 오바마 대통령은 아이오와 주 민주당 상원의원인 톰 하킨Tom Harkin이 발의한, 육류 가공업체의 가축 소유를 금지함으로써 개별 생산 농가를 보호하는 것을 골자로 하는 법안에 대해서도 강력한 지지 의사를 표명하고 있다.

카길이나 타이슨푸드는 삼성을 능가하는 초국적 기업이다. 미국의 과거 정권들은 대부분 이들 기업들로부터 천문학적인 정치 자금을 제공받았다. 그러다 보니 이들 기업의 입김이 정부에 강하게 전달되어왔다. 이들의 로비력을 감안할 때 오바마 대통령의 결단과 인식은 혁신적인 것이다.

우리나라도 대한양계협회 등 생산자 단체들의 강력한 요구로 새누리당 김학용 의원이 대표 발의한 축산 계열화 사업에 관한 법이

.... **22** '버락 오바마 20일 대통령 취임 — 미국 신정부 농업·농촌 정책방향', 《한국농정 신문》, 2009년 1월 17일 자.

2013년 11월에 열린 전국 계육인 상생전진대회.

통과됐다. 당초 계열화 관련 법은 하림과 같은 계열화 사업자의 요구에 의해 추진되었다. 당시 계열화 사업자들은 축산법 내에 계열화 사업과 관련한 명확한 언급이 없어 사업 추진에 많은 어려움이 있다며 계열화 사업자의 정의와 지원 등을 명시한 법 제정을 요구했다.

하지만 대한양계협회 등 생산자 단체들의 반대로 입법화가 힘들었고, 미국의 농가 보호를 위한 법안에 영향을 받아 생산자들이 관련 법 제정에 참여하면서 계열화 관련 법의 방향이 바뀌게 되었다. 즉, 미국 상원이 추진한 것과 마찬가지로 계열화 구도 내에서 농민들을 보호하기 위한 법안으로 그 내용이 바뀐 것이다. 앞으로 시행령과 시행규칙이 만들어지고, 또 여러 차례 개정을 거치며 공장화로 치닫는 우리 농업의 방향이 바뀔 수 있을지 두고 봐야 할 것이다.

이외에도 정부가 추진하는 농협의 신경분리가 성공을 거두어 농산물의 판매 기능이 강화된다면 앞서 지적한 바대로 협동조합을 통한 농민 보호와 그로 인한 여러 부수적 이익이 소비자들에게까지 전해질 수 있을 것이다.

2014년 1월 16일 박근혜 정부가 발표한 '지속가능한 친환경 축산 종합 대책'에 따르면 2012년 현재 전체 축산물 중 0.7퍼센트에 불과한 친환경 축산물의 공급 비중을 2017년까지 5퍼센트로 확대하겠다고 한다. 또한 지금까지는 사육 단계에서 항생제를 사용하지 않는 무항생제 축산이나 유기 축산 인증을 받은 것만 친환경 축산물로 인정했지만, 앞으로는 사육 및 유통 단계의 HACCP 도입, 동물복지, 가축 분뇨의 친환경 처리 등으로 친환경 축산업의 인증 범위를 확대해 사육 단계에 머물러 있는 친환경 축산 개념을 가공과 유통 부분으로까지 확대하겠다는 계획을 밝혔다.

이러한 일련의 조치들과 농업 트렌드의 변화는 농업 부분의 공장화에 제동을 걸 것이다. 지금까지 농산물 시장은 공급자 위주였다. 소비자는 선택의 여지가 없었다. 특히 수입 농축산물의 경우는 더욱 그랬다. 그런데 최소한 소비자가 관행 농산물과 신농업 생산물 중에서 선택할 수 있는 수준으로까지 농산물 생산의 균형을 맞출 수 있다면 이후 우리 농업은 소비자의 선택에 의해 농업의 주류가 결정될 것이다.

앞으로는 소비자의 선택이라는 새로운 측면에서 관행 농업과 신농업의 진검 승부가 펼쳐질 것이다. 조금 비싸고 볼품없더라도 신농업에 의해 생산된 안전한 농산물이 우리 농업의 주류 자리를 차지할지, 아니면 지금과 같이 대량 생산된 관행 농산물이 주류 자리를 차지할지는 알 수 없다. 다만 공급자의 일방적 결정이 아닌 사회적 합의, 즉 소비자의 선택에 의해 농산물 시장이 형성될 수 있다면 그 공과 책임은 사회 전체가 함께 나누게 될 것이다.

2014년 2월, 고병원성 조류독감이 발병한 지 2주를 넘어서며 장기화될 조짐을 보이자 채식과 동물복지가 다시 이슈가 되고 있다. "A4 용지 한 장도 되지 않는 공간에서 닭이 생활하고 있다"고 고발하며 이런 환경 탓에 가축들이 면역력이 약해져 조류독감에 걸릴 수밖에 없다는 보도가 나오고, 육식을 중단하고 채식 위주의 삶을 사는 사람들의 이야기가 여러 매체를 장식하고 있다. 이러한 이야기들은 이제 조류독감이나 구제역 같은 악성 가축 질병이 유행할 때마다 언론에 등장하는 단골 메뉴가 되었다.

　문제는 이 같은 악재가 반복적으로 일어나면서 밀집 사육과 대량 생산을 통해 생산비를 낮추고, 맛을 좋게 하기 위해 과도하게 배합사료를 급여하는 사육법에 대한 거부감이 소비자들 사이에 팽배해진다는 데 있다. 조류독감과 같은 가축 질병이 발병할 때마다 '육식은 나쁘고 채식은 좋은 것'이라는 이분법적 사고와 현재의 축산업은 공장식 축산이라는 부정적 이미지가 소비자들에게 지속적으로 주입되는 것이다. 그러면 우리 축산 농가가 공들여 키운 축산물이 정크푸드처럼 낙인찍혀 장기적으로 산업의 성장을 저해할 수밖에 없다.

이를 해소하기 위해서는 소비자들에게 부정적으로 보일 수 있는 현재의 축산물 생산 시스템에 대해 반성하고, 소비자들이 원하는 축산 시스템의 도입을 활발히 논의해야 한다. 지금처럼 가축 질병이 급속도로 퍼져나갈 때는 축산업계도 새로운 축산 시스템의 필요성에 공감하지만, 위기 상황이 종식되고 소비가 다시 살아나 축산물 가격이 상승하면 새로운 축산 시스템에 관한 논의가 흐지부지되기 일쑤다.

이런 점에서 최근 농림축산식품부가 발표한 지속가능한 친환경축산 종합 대책은 시의적절하다. 이번 대책에서 정부는 현재 전체 축산물의 0.7퍼센트에 불과한 친환경 축산물을 5퍼센트까지 확대하고, 친환경 축산 관련 인증 제도를 HACCP, 무항생제, 동물복지, 유기 축산의 네 가지로 체계화하기로 했다. 또한 친환경 축산물 전용 도축장과 가공 시설의 신설을 함께 추진키로 하는 등 사육 단계에 머무르고 있는 친환경 축산 정책을 가공과 유통 단계로까지 확장하고 시장을 확대해나가겠다는 계획이다.

　문제는 이 같은 친환경 축산물 정책이 목표는 있으나 수단이 마련되지 않았다는 데 있다. 현재도 상당수 브랜드 한우와 양돈, 달걀, 닭고기가 무항생제 인증과 HACCP 인증을 받고 있고, 국내 영업 중인 도축장과 유가공 공장은 이미 HACCP 인증을 받은 상황이다. 그런데 이러한 사육 및 가공 시스템을 통해 생산된 축산물이 시장에서 그 차별성을 인정받지 못하고 있다는 것이 문제다. 포장유통 의무화로 그나마 식별이 가능한 닭고기와 달걀의 경우 일부 소비층이 형성돼 있기는 하지만 대다수의 소비자들이 외면하면서 여전히 관행 사육된 닭고기가 상당량 판매되고 있다. 반면에 친환경 제품으로 포장해 판매하는 제품은 판매가 저조해 할인 판매를 통해 물량을 소진하고 있는 상황이다.

　아직은 소비자들이 축산물 구매에 있어 친환경보다는 가격에 더 민감하게 반응한다. 특히 소고기와 돼지고기는 닭고기나 달걀, 우유와 달리 포장유통이 이뤄지지 않고 있는 터라 친환경 인증 마크를 표시할 수도 없어 소비자들에게 친환경 축산물이라고 어필할 수도 없는 상황이다. 친환경 축산물 인증 제도가 도입된 지 10년이 훌쩍 넘었지만, 시장이 형성되지 않고 소비자들에게 차별성을 인정받지 못하고 있으니 전체 시장에서 친환경 축산물의 생산 비중이 1퍼센트도 채 안 되는 게 당연하다.

이러한 시장 상황에서 정부가 목표한 것처럼 친환경 축산물 생산을 확대하기 위해서는 소비자들이 친환경 축산물에 대해 추가 비용을 부담할 수 있도록 마케팅 계획을 수립할 필요가 있다. 동시에 친환경 축산물 시장이 새롭게 구축되기 전까지는 농가들이 친환경 축산물 생산에 뛰어들 수 있도록 보조금 지급 같은 유인책을 마련할 필요가 있다. 과거 축산물 고급화 정책을 도입할 당시 정부는 한우 거세 장려금을 지급해 고급육 생산을 위한 기틀을 마련했고, 이후에는 1등급 이상 고급육 출현 농가에 보조금을 지급해 등급제가 시장에 정착되는 데 톡톡한 역할을 했다.

수요가 충분히 형성되지 않은 가운데 단기간에 친환경 축산물이 대량 생산될 경우 가격 하락이 불가피해 자칫 기존 친환경 축산물 생산 농가들이 관행 축산으로 돌아설 수도 있다. 무리한 부양책이 오히려 철학을 갖고 친환경 축산을 영위해온 기존 농가들에게 피해를 입힐 수 있기 때문에 정책 실행을 위한 세밀한 계획이 마련돼야 할 것이다.

시장에서 소비자들이 반응하지 않는다면 지금까지 줄기차게 이야기한 것들은 공염불이 되고 만다. 하지만 정부가 친환경 축산업을 육성하겠다는 의지를 밝히고 있고, 소비자들도 친환경 축산을 긍정적으로 생각하는 만큼 이에 대한 걱정은 사실 크지 않다. 문제는 농민들이 자본의 지배하에 놓일 수밖에 없는 구조를 어떻게 벗어나게 할 것이냐.

앞서 협동조합을 통한 사육과 가공의 분리를 대안으로 제시한 바 있다. 이를 실현하기 위해서는 농업인과 대형 소매 유통업체 또는 가공업체 사이의 직거래보다 비대면 거래를 활성화해야 한다. 출하자와 유통·가공업체가 직거래하는 방식으로는 정보의 비대칭 그리고 농업과 유통업의 산업 구조 차이로 인해 농업인이 불리한 상황에 놓일 수밖에 없다. 수천, 수만 명의 플레이어가 포진해 있는 농업인과 독과점이 심한 소매 유통업 또는 식품 산업 사이의 직거래는 농업이 자본의 지배에 빠져들 수밖에 없는 통로가 된다.

이를 해소하기 위해 농업인들이 생산한 농산물을 공동 판매하는 창구로서 도매시장의 역할을 강화해야 한다. 또한 도매시장을 거치지 않고 거래되는 농산물에 대해서는 계약과 정산을 공적 주체가 담당할 수 있도록 온라인 거래소나 정산소 등의 설립이 필요하다.

이 온라인 거래소는 농업인이나 농업 법인이 생산한 농축산물을 현물 거래 형식으로 상장하면 수요자가 이를 전자 경매 방식으로 구매하거나 선물 거래 방식으로 희망 가격을 제시해 합의가 이뤄지면 약속된 시점에 농산물을 인도해주는 식으로 운영될 수 있다. 반대로 수요자가 자신이 필요로 하는 농축산물의 양과 규격, 가격, 인수 시점을 제시하면 농업인이나 농업 법인이 역경매 방식으로 참여할 수도 있다.

다시 말해 이미 존재하고 있는 여러 거래 방식을 사이버상에 구현하자는 것이다. 수요자는 농산물을 공급받기 위해 산지를 누비지 않아도 되고, 생산자는 수요자를 찾기 위해 과도한 탐색 비용을 지불하지 않아도 된다. 온라인 거래소는 이 시스템에 참여하는 생산자와 수요자가 계약을 이행할 수 있는 사람 또는 업체인지 심사해 참여자를 정하고, 혹시 모를 분쟁을 조정하기 위한 갈등해소위원회를 만드는 등 수요자, 생산자 모두에게 거래의 안전성을 보장해주는 역할을 해준다. 이를 통해 생산자는 대면거래, 직거래에서 오는 긴장감(정보의 비대칭 그리고 교섭력 차이) 그리고 혹시 모를 계약 단절에서 오는 위험 등을 피할 수 있다. 수요자도 도매시장과 거래소를 통해 현물 거래와 선물 거래를 적절히 활용함으로써 직거래의 효과도 내고 가격 등락 시 위험을 모면할 수도 있어 정착만 되면 생산자와 수요자 모두가 윈윈할 수 있는 방식이다. 그리고 궁극적으로 수요자, 즉 자본이 생산 부분에 깊이 관여하지 않아도 되기 때문에 농업이 자본의 지배를 받는 것, 즉 더욱 공장화되는 것을 방지할 수 있다.

농업이 자본의 지배에서 벗어날 수 있는 방안은 많을 것이다. 다소 과격한 농민 단체는 기업의 농업 진출 자체를 법으로 금지해야 한다고도 주장하지만, 그러한 방법은 수요자 측의 강한 반대에 부딮혀 현실화되기 어려울 것이다. 기업이 말도 많고 탈도 많은 농업 생산 부분에 직접 참여하지 않고도 여러 제도와 거래 시스템을 통해 필요로 하는 농축산물을 충분히 확보할 수 있다면 그보다 더 좋은 대책은 없으리라 본다.

어느덧 이 아이디어를 정리한 지 3년여의 시간이 흘렀다. 감사하게도 조악한 아이디어가 자료를 수집하고 취재하는 과정에서 발전되고, 많은 사람들과의 토론을 통해 다듬어져 책으로 발간될 수 있었다. 부디 이 책에 담아낸 아이디어가 더 많은 생각을 촉발하고 활발한 토론으로 이어져 우리 농축산업이 많은 사람들에게 사랑받으며 지속되기를 소원해본다.

2014년 여름, 논현동 사무실에서